CHOSES

D'ALGÉRIE

CHOSES D'ALGÉRIE

MOHAMED BEN BARCA

CHOSES
D'ALGÉRIE

ÉVREUX
IMPRIMERIE DE CHARLES HÉRISSEY
4, RUE DE LA BANQUE, 4

1891

EN SMALAH

CHOSES D'ALGÉRIE

I

Au kilomèttre 44 de la route de Bône à Soukaras, la diligence s'arrêta devant une auberge à la façade blanche et aux volets verts.

Les dix chevaux de la voiture fumaient dans la fraîcheur du matin et soufflaient bruyamment en agitant leurs grelots ; le postillon combattait le brouillard en dégustant un verre d'eau-de-vie, et moi, j'attendais un homme de bonne volonté qui voulût bien descendre mon bagage. En y mettant la main, je finis par voir sortir des profondeurs de la bâche mes deux malles et ma boîte à fusil ; et puis, la diligence repartit au galop de ses dix chevaux et se perdit dans la brume lointaine.

Vers dix heures, parut mon escorte, composée de deux spahis et d'un Arabe déguenillé qui conduisait un mulet ; deux chevaux de main étaient destinés à mon usage.

Ayant douze lieues à faire, je crus prudent de partir de suite.

De l'autre côté de la route nous entrons dans les grands bois ; mes guides sont silencieux comme des ombres et marchent vite, l'un devant, l'autre derrière moi.

Sous un ciel blafard et triste, les grandes forêts des Beni-Salah me causèrent d'étranges émotions ; les mille bruits qui donnent tant de charme à nos bois de France, si soignés et si bien exploités, ne s'entendent point là ; c'est, autour de moi, un silence profond.

A gauche et à droite du chemin que nous suivons le fourré est impénétrable, jamais la serpe du bûcheron n'a passé par là ; des lianes énormes montent jusqu'au sommet des plus hautes branches. Devant nous, le sentier se tortille dans le sombre du sous bois, et sur nos têtes, s'étend un fouillis inextricable, si épais, qu'il laisse à peine entrevoir le ciel ; il semble que l'on voyage dans un souterrain. Un épais tapis de feuilles humides s'enfonce sans bruit sous le sabot de nos chevaux. Je n'ai plus l'impression de la marche, cette étape silencieuse et monotone m'endort, et me voici somnolent sur ma selle, ballotté comme une chose, au milieu du gris des bois.

Les ravins succèdent aux ravins et depuis

six heures que nous marchons, le hallier épais et touffu nous emprisonne de tous côtés.

Cette nature sauvage, ces burnous rouges qui chevauchent sous les grands arbres, ce calme infini, les senteurs violentes de la forêt, ce changement subit qui s'opérait dans ma vie, mettaient des rêves étranges dans mon imagination engourdie.

Il me semblait que vingt ans s'étaient écoulés depuis mon départ de France, et cependant, il y a quelques jours à peine, j'étais encore dans le tapage de la grande ville. Le mouvement de la vie civilisée, les relations forcées du monde, le brouhaha des affaires, le mirage de la mode, ridicule et ruineuse, tout cela s'évanouissait devant moi ; je n'avais plus sous les yeux qu'un monde primitif et sévère ; ma tenue française m'étonnait, j'aurais voulu avoir un haïck sur la tête ; il me semblait que les ombres des Numides me regardaient passer en riant. C'était là une véritable hallucination causée par un excès de fatigue. Un frisson de fièvre courait dans mes membres, la froide humidité de ces futaies séculaires m'avait saisi ; mais, malgré tout ce malaise moral et physique, j'avais l'âme calme, tranquille, et je marchais sans regrets vers la vie nouvelle que je rêvais depuis si longtemps.

Au sommet d'une montagne, et sur la lisière

de la forêt, le tableau change subitement : à mes pieds, une vallée immense et profonde d'une sauvagerie bizarre ; tout au fond, un petit carré blanchâtre, gros comme un dé à jouer, un atome dans la verdure. Un spahi me le montre du doigt :

« C'est là, » me dit-il. Et nous voilà dévalant des hauteurs au milieu des clairières et des rochers.

Pendant deux heures, nous tournons, et nous tournons toujours, dans les lacets de la montagne puis enfin nous prenons le fond de la vallée. Après avoir franchi plusieurs gués, à six heures et quelques minutes, nous mettons pied à terre devant le bordj de Bou-Hadjar.

Je fus reçu par le personnel officier de la Smalah de la façon la plus aimable et la plus courtoise.

J'avais entendu parler en France de la grande famille militaire, mais n'en ayant jamais ressenti les douceurs, j'avais nié son existence. Le régiment avait toujours été pour moi une réunion d'individus appelés à vivre ensemble, avec des caractères divers et des aspirations différentes ; j'avais rencontré là, comme partout ailleurs, la personnification de l'égoïsme le plus complet et j'étais fixé sur la valeur de ces amitiés passagères qui naissent entre deux absinthes et s'évanouissent pour le motif le plus futile.

J'entrais dans cette vie nouvelle de la Smalah avec une véritable appréhension et je m'épouvantais en considérant les conséquences lamentables qui devaient résulter de la réunion de caractères antipathiques, là où la vie en commun devient une absolue nécessité.

P..., notre capitaine commandant, est un grand et bel homme, ses yeux bleus sont très doux et son visage souriant encadré dans une barbe blonde, dont il est très fier, laisse deviner une grande bonhomie ; il sera bientôt en retraite, et c'est dans la tranquillité de la Smalah qu'il a voulu terminer sa vie militaire. P... est un beau cavalier, Saumur a vu ses prouesses. J'ai su plus tard qu'il avait le cœur tendre ; il nous a avoué lui-même que la vue d'un cotillon bien tourné lui donnait des émotions insurmontables.

Cette sensibilité est, je crois, le grand défaut de cet excellent homme. En dehors de ce petit travers, ce chef, qui sera aussi mon ami, possède toutes les qualités du cœur s'il n'a pas toutes celles de l'esprit ; je l'aime mieux ainsi.

G..., le lieutenant en premier, est d'origine corse, c'est dire qu'il est brun, qu'il a les yeux noirs et un accent un peu particulier.

Il a bientôt fini sa carrière et aspire à la vie de famille, après avoir mené pendant trente années celle des camps. Il m'apprit un jour que la petite ville de la Calle possédait celle à qui il voua son amour il y a bien longtemps ; le maire n'avait pas passé par là, paraît-il, mais qu'importe, G... est un peu brigand, étant Corse, et, ma foi, les brigands n'y regardent pas de si près. Ce vieux soldat a du bon, et cependant il faut lui pardonner bien des petits travers et souvent baisser pavillon devant ce caractère peu endurant qui se ressent toujours du maquis où il s'est formé. Au demeurant, bon camarade, rendant service à l'occasion ; intelligence peu ouverte, esprit peu cultivé, très positif dans ses goûts et travaillant sans relâche à arrondir, par des privations, le petit magot qu'il ajoutera à sa retraite de lieutenant.

A..., notre docteur, est un de ceux dont on peut dire : « J'en ai rencontré un sur cent. » Venu à Bou-Hadjar pour rétablir sa santé, il lui fallait un air vif et pur, une vie active, des occasions de fatigue ; il a trouvé tout ce qui lui convenait à la Smalah. Depuis cinq ans qu'il vit dans cette solitude, son tempérament s'est complètement modifié, et malgré sa maigreur étonnante et la pâleur de ses traits, son corps a une vigueur peu commune.

A..., a un cœur d'or, un caractère idéal, une

humeur toujours également charmante ; j'ajouterai à ces belles qualités une intelligence remarquable, l'imagination vive et hardie, le sentiment naturel de tout ce qui est beau et bien, et pour compléter le tout, un esprit vif, mais parfois, je l'avoue, un peu emporte-pièce.

Depuis longtemps, notre docteur a abandonné la pratique sérieuse de la médecine, il se contente du petit courant de l'escadron pour s'entretenir. Toute sa vie est à la chasse, à la pêche, à l'équitation ; il porte un costume étonnant et a toujours un fusil sur l'épaule.

Notre dernier compagnon, Z..., vétérinaire en second, est de taille moyenne ; il a de petites jambes et un buste très long ; sa figure bouffie et fraîche rappelle celles des nourrices plantureuses du Bourbonnais qui promènent de si jolis enfants aux Tuileries. Z.. est gras, son épiderme est luisant et tendu ; il n'y a chez cet épicurien ni vigueur, ni énergie. Il est venu ici pour accumuler des pièces d'or dans un vieux bas, car notre ami est sordidement économe.

Z... est un égoïste féroce, méfiant et taciturne, comme tous ceux qui sont sous l'empire d'avarice ; il cause peu et ne demande jamais un service, ne voulant en rendre aucun. D'un soin méticuleux pour tout ce qui lui appartient, il n'a aucun souci des intérêts des autres ; il plaisante volontiers le docteur qui est un panier percé, mais ne le plaint jamais.

La chambre de Z... est une curiosité, tout y est rangé avec une symétrie ridicule ; si vous dérangez un crayon sur sa table, le voilà tout ennuyé et désirant votre départ pour remettre l'objet à sa place ; son écritoire est à douze centimètres du bord de son bureau, il ne pourrait dormir tranquille s'il la savait à quatorze.

Eté comme hiver, sa tenue est invariablement la même ; ne sortant pas, il n'use pas de vêtements, c'est là un point capital et une source considérable d'économies.

En tous temps, Z... se lève à neuf heures, son service l'appelant à neuf heures et demie ; la visite des chevaux terminée, muni de sa canne qui ne le quitte jamais, il s'en va d'un pas mesuré s'asseoir sur un banc à l'ombre des mûriers de la place de Bou-Hadjar, fume sa pipe et attend le déjeuner. Le repas est servi. Z... est toujours le premier assis et dévore à belles dents le gibier de la montagne. Il parle peu, si ce n'est pour se plaindre du prix élevé de la pension, étant donné le peu de variété du menu. Deuxième pipe après le déjeuner, toujours assis sur le même banc ; puis, repos prolongé jusqu'à quatre ou cinq heures, selon la saison, et promenade d'un quart d'heure, ayant toujours pour objectif les mêmes cailloux sur la même route.

Enfin le dîner arrive. Z... a toujours bon appétit, et somnolent dans les nuages de la fumée de sa pipe, il nous regarde perdre aux dominos la tasse de thé de tous les soirs. A huit heures et demie, notre gaillard dort, et rêve qu'il est couché sur un monceau d'or.

Notre habitation se compose de deux pavillons carrés : l'un, exclusivement réservé aux officiers, comprend six chambres, une salle à manger et des magasins ; l'autre, qui abrite les cadres français, présente à peu près la même disposition, y compris un local pour la cantinière qui nous nourrit tous. Ces deux pavillons sont séparés par un mur élevé, de telle sorte que le commandement est entièrement chez lui. Deux portes cochères donnent accès dans les deux cours qui précèdent les pavillons, les écuries et quelques bâtiments à destinations diverses s'étendent au nord de tout cet ensemble et forment une vaste cour, qui correspond au quartier de nos garnisons françaises.

Une Smalah est une réunion de douars, et un douar une réunion de tentes.

L'idée de fonder des smalahs date de l'époque militaire. Tous ces postes étaient indispensables; au début de la conquête, ils indiquaient des têtes d'étapes, formaient des abris sûrs pour les colonnes volantes, constituaient des dépôts de vivres et de munitions, ces deux nécessités de la guerre, et enfin ils affirmaient notre domination et inspiraient une confiance salutaire.

Dans l'esprit du maréchal Bugeaud, ce grand capitaine doublé d'un grand administrateur, la Smalah devait être le noyau, le point d'éclosion des centres coloniaux. Cet homme de bon sens supposait avec raison qu'en assurant la sécurité, l'agriculture devait réussir et prospérer. Les spahis sédentaires, mariés et propriétaires dans une région devaient être le trait d'union entre nous et les tribus environnantes qui ne ressortissaient pas directement de notre influence; et par-dessus toutes ces considérations planait la grande idée du soldat laboureur.

Cette belle devise : *Ense et aratro*, pouvait avoir son application; il était raisonnable de supposer qu'après les fatigues des colonnes, des soldats sortant de la culture ne chercheraient qu'à y rentrer. Cette idée était d'autant plus admissible que le sol fécond de l'Algérie était un encouragement sérieux au travail.

Mais, quand il fut question de venir au secours des bonnes volontés, de tendre la main à ceux qui voulaient bien s'exiler; quand enfin on fit appel à l'argent du pays, les assemblées de cette époque-là, toujours encombrées d'hommes incompétents, donnèrent de mauvaises raisons, et au maréchal qui bondissait d'indignation devant une pareille attitude, elles infligèrent un blâme.

Abreuvé d'amertumes, ce grand génie abandonna la lutte et exposa dans un style d'une merveilleuse clarté ses théories admirables que le boulevardier avait traitées d'utopiques.

Quelle malheureuse chose à constater que cette éternelle influence des assemblées avec lesquelles une monarchie elle-même est obligée de compter. Quelle preuve de profonde décadence que de leur laisser la direction de la fortune publique.

Ignorance et orgueil, telle est la devise qui devrait être écrite en lettres d'or au front de cette façade grecque qui couvre de son ombre les représentants du peuple, ce ramassis de toutes les nullités. Le premier médecin ou avocat venu, pour ne pas parler des prolétaires de la pire espèce, voire même des cabaretiers, sont désignés pour parler et discuter sur tout : *de omni re scibili, et quibusdam aliis.* Les uns ont fait des études spéciales qui leur permettent de prescrire une purge ou de plaider un divorce ; les autres, orateurs de réunions socialistes, ou verseurs de chopes sont incapables, comme les premiers, non seulement de s'entendre sur une question proposée, mais encore de la comprendre et de la discuter. Et c'est à eux que l'on propose l'étude de l'établissement d'une colonie ! Les observations des hommes clairvoyants, qui ont usé leur vie à la peine et approfondi la question sur toutes ses faces, ne sont même pas prises en considération. On rit au nez du général Chanzy qui demande à exploiter les forêts de l'est et à établir de nouveaux postes militaires, etc., etc... Quelle dégringolade, quelle effrayante apathie !.....

De Louis-Philippe à la troisième République tous les mêmes, ces représentants du pays, tous rhéteurs remplis de vent, faisant de la rhétorique là où il ne faut que du bon sens.

Il serait trop long de rechercher les causes multiples qui ont toujours engagé ceux qui n'avaient pas d'intérêts en Algérie à combattre son développement. D'abord, on constate que les intérêts particuliers se sont épouvantés à l'idée de cette terre fertile cultivée et mise en coupe réglée. Il a fallu étouffer les richesses de là-bas pour faire vivre celles d'ici. Au détail, si cette idée est discutable, en la voyant de près, elle ne l'est plus, puisqu'elle assure travail et aisance à ceux qui n'en ont pas, et produit un revenu régulier à la métropole.

Cette intéressante question d'économie politique ayant été souvent traitée sans succès, rions ou pleurons sur l'insanité humaine, en contemplant ces grands hommes dont l'œil puissant voit au delà du désert, sur les bords du Tchad, sur les rives du Niger, à Tombouctou, des contrées fertiles et qui rêvent de les exploiter. O imbéciles, ramassez d'abord ce que vous avez sous la main !

Malheureusement, tous ces gens-là ne sont pas des rêveurs, comme on pourrait le supposer ; s'il en était ainsi, nous pourrions accorder à ces fous de bonne foi un pardon éclatant ; mais nous nous trouvons, au contraire, en face de filous, abusant de la bêtise humaine, cherchant à voler une fortune dans une faillite assurée et calculée d'avance.

Les infamies du Honduras et de Panama sont oubliées, les coquins qui les ont faites sont considérés et couverts d'encens.

Nous avons quelques milliers d'hectares de culture autour de la Smalah. Au delà de nos limites, la terre fertile de la vallée attend l'exploitation.

L'Oued Bou-Hadjar coule dans toutes les directions, son cours torrentueux est aussi torturé que le pays qu'il traverse, ses rives sont bordées de lauriers-roses. Quand ses eaux ne roulent pas avec bruit sur les rochers, elles forment de belles nappes tranquilles et profondes. Sur tout le parcours de la rivière, il y a des nuées d'oiseaux aux couleurs vives, depuis l'élégant guêpier jusqu'au canard sauvage.

Du côté de l'ouest, la forêt vient mêler son fouillis aux lauriers ; c'est, tout de suite, la brousse impénétrable, et à deux pas plus loin, la futaie vierge, les lianes énormes, la végétation monstrueuse des sous bois obscurs, les champignons géants remplis de poisons ; des milliers d'insectes et de bestioles pullulent dans cet humus archiséculaire. Çà et là l'inextricable enchevêtrement du bois mort, qui pourrit lentement dans l'air tiède, est percé de couloirs sombres, ce sont les coulées des fauves. La forêt couvre toutes les montagnes et peint d'un vert cru leurs grandes masses. Les cimes se succèdent comme des vagues gigantesques, entre leurs sommets les ravins sont silencieux ; quelquefois, en automne, le lion les emplit de sa voix puissante.

Sur notre rive, c'est la prairie constellée de fleurs, l'herbe prend ici des proportions inconnues en France. Au delà des terres cultivées, des asphodèles, des iris, des graminées s'y ressèment depuis mille ans peut-être, et mettent une ceinture gracieuse aux lentisques sombres et aux jujubiers épineux.

Dans ces vertes solitudes, le soleil ardent, ce grand bienfaiteur du monde, entretient, fait naître et mourir des milliers de plantes et d'arbustes. Lorsqu'il monte, le matin, derrière les montagnes, une vapeur légère roule sur toute cette végétation luxuriante. Les exhalaisons de la terre, le parfum des fleurs, les senteurs puissantes de la forêt, flottent ensemble dans la vallée ; c'est l'heure suave entre toutes, où il faut aller respirer et s'emplir les poumons de fraîcheur. Ce demi-jour crépusculaire est exquis.

Tout à coup, sans transition, une lumière rose

arrive de l'est en faisceaux de rayons et change les tons du paysage ; puis tout s'enflamme, la prairie rutile, la rivière roule de l'acier fondu. C'est la chaleur, l'éblouissement, le vertige...

Dans la montagne, à mi-côte, sous une touffe de chênes verts, se trouve une source d'eau chaude qui sort du granit, ce Hammam était un de nos buts de promenade. Le génie a gâté ce coin-là en y mettant le cachet de son mauvais goût, il a construit sur cette fontaine une sorte de guérite munie d'une porte de fer, construction ridicule. Jadis, c'était le rendez-vous des belles filles, qui venaient en chantant laver leurs vêtements dans l'eau chaude. J'ai connu cet heureux temps ! Nous allions nous baigner à quelques pas de la source dans un bassin formé par des rochers, et au-dessus de nous, nous les voyons, ces belles jeunes filles au type numide, avec leur peau dorée, leurs cheveux noirs et leur front couvert de bandelettes bariolées. Elles piétinaient les burnous sur les dalles polies, le péplum relevé très haut, montrant leurs jambes de statues et leurs bras chargés de bracelets d'argent. Sous l'étoffe bleue leurs robustes poitrines de montagnardes avaient la fermeté de la pierre. Elles riaient, et en cadence foulaient les étoffes. Ah ! les jolis pieds cambrés, à l'orteil écarté, que la mousse du savon saupoudrait de flocons blancs qui s'irisaient dans le soleil! Autour d'elles, les Arabes méfiants et jaloux, accroupis par terre, surveillaient leurs mouvements.

Malgré ces tyrans, les yeux parlaient, et le dimanche suivant, au marché de Bou-Hadjar, un messager mystérieux remettait un billet enfermé dans un petit sac de cuir rouge. L'un d'eux disait :
« O seigneur lieutenant, c'est Aïcha qui te parle ;
« que Mohamed te conserve longtemps la vie et
« qu'il te donne à mes baisers... »

Maintenant, il me semble rêver en pensant à tout cela, à ces amours sauvages, ardentes et naïves, pleines de passion. Je n'ose en faire la confidence, j'ai peur qu'on ne comprenne pas leur suavité.

Ma chambre a vue sur le sud et le levant ; son ameublement est des plus sommaires : un lit de fer, un fauteuil dont l'étoffe n'a plus de couleur, une commode de bois blanc, une table et deux chaises.

De mes fenêtres je jouis d'une vue charmante : au sud, les hautes montagnes de la Tunisie couvertes de forêts impénétrables ; à l'est, la vallée s'enfonce dans le lointain immense, des montagnes bleuâtres arrêtent là l'horizon.

Il y a dans la contemplation de cette nature superbe un charme infini ; j'ai passé bien des heures, accoudé sur ma fenêtre, pendant les belles soirées d'été ; je jouissais d'un calme si profond, d'une quiétude si grande, que toute autre existence m'eût paru insupportable.

Qu'ils étaient loin de moi, les brouillards de France, les jours tristes et sans intérêt de la garnison ! J'avais là, le soleil vivifiant, un domaine grand comme un royaume à parcourir en maître, et la liberté de penser tout seul, pendant des heures entières, dans ce paradis terrestre que la colonisation n'avait pas encore défloré. Je vivais dans ce radieux pays, m'étonnant de tout, admirant tout, trouvant profondément délicieuse cette grande liberté tant rêvée, et si longtemps attendue.

En Smalah, il faut mener une vie spéciale, il faut fatiguer le corps pour conserver le moral en bonne santé. L'équitation, la chasse, la pêche, fournissent le moyen d'arriver à ce résultat.

La chasse est intéressante par la variété de gibier que l'on rencontre, la pêche est toujours fructueuse, et sur ces deux points, jamais de déception. Les promenades à cheval sont trop belles pour être du goût de nos sportmen ; ici, les grandes allures sont défendues, il faut se contenter du pas de sa monture pendant les trois quarts de la route, et, tout naturellement, le cheval ne vient pas vous donner l'occasion d'exercer un art, mais vous servir de moyen de locomotion. Malgré tout, n'ayant jamais, comme tant d'autres, considéré le cheval comme une personnalité dans le règne animal, je trouve qu'à la Smalah, il est bien à sa place, et entouré de tout le respect qu'il mérite.

En dehors de ces occupations violentes, rien à faire; le service militaire est nul, les lettres et les journaux de France assez rares. Vivre en plein air, telle est notre devise.

Je venais de tuer deux outardes dans les chaumes de la vallée ; cette après-midi du mois de juin était suffocante et, harassé de fatigue, j'avais gagné les ombrages épais de la rivière avec l'intention de faire une courte sieste. Dans les hautes herbes je m'étais étendu, mon chien dormait près de moi, et mon esprit distrait ne pensait à rien de sérieux.

Pendant mon premier sommeil, je fus réveillé par des éclats de rire très frais qui partaient de la rivière, j'écartai doucement mon rideau de verdure, et j'eus sous mes yeux le spectacle le plus gracieux que l'on puisse imaginer.

Deux jeunes filles se baignaient dans l'eau transparente du torrent. Pas un voile ne cachait leurs formes splendides, et, sûres d'être seules dans ce lieu écarté, elles promenaient leur nudité resplendissante dans la nuit verte des grands chênes.

Je croyais rêver ; devant cette vision antique, il

me semblait que j'en étais au premier âge du monde, et je vins à comprendre que la nudité magnifique de ces belles filles était plus chaste que les toilettes lascives de nos baigneuses de Trouville.

Pendant quelques minutes, j'ai vécu aux jours fortunés de l'âge d'or, je l'avais entrevu dans un de ses tableaux enchanteurs.

Puis la vision s'est évanouie, les naïades ont disparu dans les lauriers-roses ; plus rien devant moi, qu'un paysage délicieux et calme, qui se mirait dans l'eau transparente de l'Oued-el-Kébir.

Quand, le fusil sur l'épaule, je rentrai le soir au logis, les couleurs de ce tableau charmant étaient encore devant moi. Z... me ramena aux réalités de la vie, et je ne pus retrouver le repos que dans la solitude de mes pensées.

Le lendemain, aux heures brûlantes du jour, j'allai m'étendre encore dans les herbes vertes, mais rien, plus rien, que le souvenir froid et désespérant après la réalité la plus séduisante...

. . . .

Ce même mois de juin, arriva une nouvelle terrifiante pour notre ami Z... Ordre lui était donné d'aller une fois par mois, désormais, visiter les chevaux de la Smalah du Tarf; il fut anéanti. Rompre avec ses chères habitudes pendant trois jours, et cela régulièrement tous les mois, c'était épouvantable !

Songez donc, faire soixante kilomètres à cheval, d'une seule traite, et la nuit, étant donné la grande chaleur du jour. Le fond de ses appréhensions était surtout la question du transport. Il fallait, bon gré mal gré, enfourcher son cheval, mais Z... a peur de cet animal féroce, ce qui s'explique bien un peu, en raison de son obésité et de la petitesse de ses jambes. Et puis le cheval arabe a le caractère gai, souvent en révolte, il faut alors lutter avec lui, et c'est à qui sera le plus fort et le plus adroit.

La soirée qui précéda ce départ mémorable fut d'une grande tristesse, pour notre compagnon seulement, bien entendu. Le docteur et moi avions décidé qu'il fallait profiter de cette occasion pour aller voir la Calle et l'idée d'un déplacement agréable nous avait mis en belle humeur. Z... ne mangea pas, il était livide et ne dut pas dormir cette nuit-là.

L'heure du départ a sonné, dix heures du soir.

Notre vétérinaire est muet et sous l'empire d'une émotion violente ; il s'approche lentement de sa monture et, avec des précautions inouïes, pose son pied dans l'étrier, prenant sa voix la plus douce pour calmer l'animal qui s'impatiente de ne pas partir. « Passez les sacoches, » dit-il d'une voix mourante à son spahi.

Ces sacoches renfermaient les instruments et les quelques objets indispensables que l'on doit emporter en voyage. Le spahi les ajuste sur la palette de la selle, et en route.

Mais voici que le cheval de notre ami, chatouillé désagréablement par ce bagage, qu'il n'avait pas assez l'habitude de porter, se met à ruer pour prouver son mécontentement ; tout est perdu, un cri d'effroi, suivi d'un juron sonore, traverse le calme de la nuit, et, grâce à la clarté des falots, nous apercevons ce pauvre Z... étendu sur le dos, couvert de poussière, et accablé de désespoir.

L'événement était triste, et cependant, je l'avoue, nous en avons ri ; la charité envers le prochain nous recommandait de mettre une sourdine à nos épanchements, nous ne l'avons pas fait, ce n'était pas généreux.

« Oh là ! oh là ! Nizam. » Z... s'était rapproché de son cheval et, avec les précautions accoutumées, s'était de nouveau hissé sur sa selle.

La nuit était radieuse, une de ces nuits d'Orient, tiède et calme. La lune argentait le paysage et profilait en noir sur le ciel clair les montagnes de l'horizon. C'était vraiment une délicieuse promenade que nous commencions là.

Nous arrivons au gué du Damous ; A... se met

en tête de notre petite caravane, Z... suit le docteur et j'arrive ensuite.

Nous voilà tous les trois dans la rivière, large et profonde en cet endroit. Le cheval du docteur butte et reçoit pour prix de sa maladresse deux violents coups d'éperon, ce qui détermine naturellement une lutte entre cavalier et monture et fait jaillir l'eau de tous côtés.

Effrayé par ce clapotis, et peut-être aussi mis en gaieté par le contact bienfaisant de cette eau fraîche, le cheval de Z... de nouveau se met à ruer, le mien en fait autant ; à ce moment-là, chacun pour soi et Dieu pour tous.

Soudain, nous entendons un cri déchirant, et la chute d'un corps lourd dans la rivière. Quand le calme fut rétabli, il y avait bien encore trois chevaux, mais il manquait un cavalier.

Lorsque notre malheureux ami fut sur la rive, il s'assit, prit sa tête dans ses mains et se demanda probablement s'il était encore de ce monde. Nous respections sa douleur silencieuse, tout en déplorant ce bain forcé qui pouvait lui être funeste.

Avec un sang-froid digne des héros antiques, il demanda ses sacoches, en sortit une chemise de flanelle, s'en revêtit, après avoir tordu celle qu'il venait de laver, et, se drapant dans son manteau déplié pour la circonstance, il remonta stoïquement à cheval en murmurant : « Ils me feront crever. » La petite caravane s'enfonça dans la nuit ; et les eaux de l'Oued el Kébir continuèrent à couler sans bruit sur leur lit de rochers.

Quand le soleil parut, nous marchions encore ; nos chevaux avaient hâte d'arriver et pressaient le pas. Aucun incident n'était venu troubler notre voyage depuis le passage de la rivière.

Z... était bouleversé. Cette face, hier si reposée, avait aujourd'hui le masque de l'éreintement, ses yeux regardaient dans le vague ; pauvre garçon ! S'il avait encore, à cette heure charmante du matin, une pensée et un souvenir, ce devait être certainement pour l'oreiller si doux de Bou-Hadjar et je crois qu'il eût donné volontiers un de ses beaux louis d'or pour pouvoir causer avec lui.

Le Tarf est une jolie Smalah : ses jardins sont délicieux, ses sources fraîches, et l'on y trouve un hôte hospitalier.

La Calle est une ville singulière, plutôt napolitaine que française. La pêche du corail occupe la moitié de la population, et c'est le soir, au retour des balancelles, qu'il faut se promener dans la cité pour jouir de son originalité. Les mœurs des habitants ne sont pas douces ; le couteau est un argument en usage. Malgré ces inconvénients, le séjour de la Calle a du bon, la vie y est facile, je dirai presque agréable, car le climat est charmant par-dessus tout, la campagne pleine de fraîcheur et la mer toujours bleue.

Dans la grande chaleur du jour, je suis allé me perdre dans les falaises, l'eau était si calme que je n'hésitai pas à m'y plonger. J'ignorais que l'endroit que j'avais choisi était un but de promenade, j'aurais dû m'en douter, l'accès en était facile et le site charmant. Voici que sur la plage, abritée des rayons du soleil, un groupe arrive, puis deux, puis trois, enfin tout le monde élégant de la Calle venant prendre la fraîcheur de la mer. J'avais oublié de me munir du vêtement indispensable au baigneur, et je dus rester plus de deux heures dans l'eau, attendant le moment propice pour en sortir.

Dans cette aventure, j'échappai au ridicule grâce à ma résignation, et, depuis cette époque, j'ai toujours été considéré, dans la localité, comme un amateur passionné des bains de mer.

Le retour à Bou-Hadjar s'effectua dans de bonnes conditions. Le temps légèrement brumeux nous permit de voyager de jour. L'occasion était belle pour chasser, le gibier abondait et nos chiens étaient dispos. Les spahis se mêlèrent à notre chasse tant et si bien, que ce pauvre Z... fut oublié sur la route et dut rentrer seul au bordj.

Cette promenade solitaire dans les forêts hantées par les grands fauves n'était pas de son goût ; il m'avoua, longtemps après, qu'il avait été affolé de peur ; il m'affirma même avoir rencontré un lion sur sa route ; je crois que l'imagination était pour beaucoup dans cette affaire.

En rentrant de la pêche, je rencontre G... qui s'approche de moi d'un air mystérieux :

— L'avez-vous vue ?
— Qui ?
— La femme de Gautier.
— Quelle femme de Gautier ?
— Mais la sienne qui arrive de Bône.
— Ah oui ! j'y suis. Non, je n'ai rien vu.
— Mon cher, très jolie.
— Allons, tant mieux pour Gautier.

Dans cette conversation, il s'agissait de la femme du brigadier maréchal de l'escadron, qui venait habiter avec son mari à Bou-Hadjar.

Elisa était mariée depuis huit jours, et cependant, au premier coup d'œil, on aurait pu supposer qu'elle l'était depuis neuf mois ; mais en Afrique, dans un climat chaud et énervant où l'on vit deux fois plus vite qu'en France, on va rapidement en besogne et il est admis que les lois de la nature passent avant celles du pays.

Elisa n'avait pas vingt ans ; c'était une charmante fille, blonde et fraîche, avec des yeux noirs et des lèvres de pourpre. Elle fit sensation à la Smalah ; représentant à elle seule l'élément féminin, elle attira tous les regards et aussi tous les cœurs. Pendant deux mois, le comptoir de sa cantine fut mis à l'assaut.

G... lui-même, mettant de côté sa dignité d'officier, allait souvent prendre une prune chez la belle ; si bien, qu'il finit par en devenir amoureux ; mais Elisa, avec ses dix-neuf ans, avait le cœur jeune et le pauvre lieutenant n'eut jamais, pour se consoler de cet amour si peu partagé, que la pureté de son sentiment.

G..., vis-à-vis de nous, prônait la fidélité conjugale et se défendait énergiquement quand nous faisions allusion aux visites fréquentes qu'il rendait à la jolie cantinière.

Mais voilà, que vers les dix heures d'une nuit très obscure, G.. se trouve, *par hasard*, dans un enclos qui s'étendait derrière la maison d'Elisa et lui servait de jardin potager. Soudain, il voit sortir de l'ombre une forme indécise : « Est-ce toi, Elisa ; as-tu renvoyé Gautier ? » dit-il d'une voix blanche, mystérieuse et si basse qu'il s'entendit à peine lui-même. Il crut percevoir une réponse très vague, qui lui sembla affirmative, et, sans hésiter, il enlaça de ses bras le fantôme, et avec l'ardeur d'une passion longtemps contenue déposa un baiser sur les lèvres de... Boudjema Boukif, trompette indigène de l'escadron qui, lui aussi, était venu, *par hasard*, errer aux alentours de la demeure de la belle.

Cette aventure piquante ne vint figurer aux annales amoureuses de la Smalah qu'après le départ de celui qui en fut le héros; le trompette avait reçu l'ordre de ne *pas se compromettre* en la racontant.

Le dénouement de la comédie très légère dont Elisa fournit le scénario pendant deux mois, fut douloureusement dramatique. L'inconduite et l'intempérance avaient anéanti cette belle fille; elle était toujours jolie, plus jolie même qu'au jour de son arrivée; ses traits amaigris avaient une finesse extrême, ses yeux bruns paraissaient plus grands, mais ses lèvres livides faisaient pressentir que la vie se retirait peu à peu.

Un matin du mois de septembre, Gautier et le trompette Plantade reçurent entre leurs bras un petit être qui ne demandait qu'à vivre. Ce pauvre tout petit n'avait pas un lange pour réchauffer ses membres délicats; il fut couché dans une veste de spahi, ce fut là son berceau et son linceul.

L'enfant alla se reposer de sa vie de deux heures sous les lauriers-roses de la fontaine ; il ne fallait pas l'horreur du cimetière à cette ombre qui n'avait rien connu de la terre, elle devait reposer dans les fleurs et dormir éternellement au chant des oiseaux de la prairie.

Elisa rendit le dernier soupir aux heures tristes du crépuscule. La porte de sa maisonnette fut close, et celle qui avait été si adulée de son vivant, n'eut pas même un ami pour veiller ses dépouilles.

Ce fut le lendemain, par une après-midi ensoleillée, que la pauvre fille fut conduite au cimetière de la Smalah. Le prêtre n'était pas venu adoucir ses derniers moments, il ne devait pas non plus l'accompagner à sa demeure dernière.

Le cortège était silencieux, devant le cercueil un spahi portait une croix de bois blanc. Tout cela était d'une tristesse navrante ; quelques prières furent lues à haute voix sur la tombe, et puis, le silence de ce petit coin de terre où dorment nos compatriotes, ne fut plus troublé que par le cri lugubre des chacals et le grognement sinistre de l'hyène qui vient se repaître des morts.

Mon tour de détachement arriva au mois de juillet et je partis pour Aïn Kébira.

Les 60 kilomètres qui nous séparaient de ce poste furent rapidement faits. Le sentier suit d'abord la crête des montagnes qui courent dans le nord, la forêt l'emprisonne de tous les côtés, puis il descend dans une vallée ombreuse que nous suivons pendant quelque temps pour escalader définitivement les rochers au sommet desquels nous devons trouver notre campement.

Quatre grandes tentes sont là, formant un quadrilatère au centre duquel un gourbi lamentable et tenant à peine debout, mire ses ruines dans l'eau du ruisseau que forme la grande fontaine : « Aïn Kébira. » Voilà l'abri que l'administration des bureaux arabes nous donne ainsi qu'à nos chevaux.

Dans ce poste, dangereux à cause de son isolement, un fortin solidement construit, disposé pour la défense, ou tout au moins une enceinte de murailles, étaient indispensables. Le commandant supérieur, guidé et conseillé par le chef des affaires indigènes de la Calle, trouva que tout était bien sans cela. Vivant grassement au milieu de l'abondance que lui procuraient ses concussions, le capitaine chef de bureau, un de ces êtres avec lesquels on peut se permettre toutes les inconvenances, parce qu'on a pour eux tous les mépris, avait inventé ce détachement inutile.

Des instructions, rédigées dans le style concis et télégraphique admis en littérature militaire, étaient adressées au chef du poste d'Aïn Kébira. Ce document était inouï de bêtise et d'incapacité. Ordre était donné, vu le peu de sécurité que présentait le poste, de ne pas s'éloigner de plus de 250 mètres du camp. Puis une tartine philanthropique et confidentielle enjoignait à l'officier de montrer en toutes circonstances la plus grande énergie et la plus inébranlable fermeté, tout en les accommodant avec la plus parfaite douceur; cette bouillabaisse devait constituer une ligne politique, ayant pour but d'obtenir le respect des populations insoumises et de se faire aimer d'elles.

Je n'ai jamais pu comprendre ce que le sentiment venait faire dans cette circulaire si étrange, si nulle, si baroque, qui eut les honneurs d'un rire de pitié et alla dormir dans le carton des archives.

Inutile d'ajouter qu'à mes risques et périls je ne tins aucun compte de ces plaisanteries, que je chassai comme d'habitude, me reposant comme toujours sur ma bonne étoile, sur mon fusil à tir rapide et sur le dévouement à toute épreuve de mes spahis qui, comme moi, avaient une opinion très arrêtée en ce qui concernait la personne du chef du bureau arabe de la Calle.

Le camp était établi sur un plateau rocheux au sommet de la montagne, à quelques mètres seulement du sentier qui faisait communiquer l'Algérie avec la régence de Tunis. Derrière nous, dans l'Est, un grand cirque fermé par de gigantesques gradins de granit ; au pied de ces rochers déchiquetés par la foudre, on comprenait la violence des convulsions terrestres, elles avaient creusé là des allées sombres qui s'enfonçaient dans la nuit des cavernes, un vent froid soufflait des profondeurs de ce chaos, rafraîchissant les environs. Au delà de cette muraille cyclopéenne, un plateau étroit marquait le point culminant de la montagne, hérissé lui-même de rochers isolés qui sortaient de terre comme des doigts de géants et tachaient de gris la verdure sombre du hallier. Le sentier traversait un col étroit, une déchirure de cette muraille immense, c'était cet exutoire qu'il fallait surveiller, et, d'après la description qui vient d'être faite, il est facile de se rendre compte que, en cas d'attaque, nous offrions une cible merveilleuse aux feux plongeants des bandits tunisiens que pouvaient venir s'installer dans ces rochers imprenables.

Dans le Nord et dans l'Ouest, dévalait la vallée profonde, c'était une houle de verdure ondulant sur les pentes, des étages de sommets touffus et arrondis. Çà et là, apparaissait en points lumineux le cours du torrent, et puis, au loin, par-dessus toutes ces frondaisons, la Méditerranée couleur d'indigo, constellée des voiles blanches des balancelles qui vont pêcher le corail au large.

Dans l'horizon le plus reculé, l'île de la Galitte ressemblait à une légère vapeur s'envolant du sein des eaux.

Derrière nous, dans le Sud, la forêt impénétrable, sinistre, infranchissable, le repaire des grands fauves dont la voix imposante nous berçait tous les soirs.

De grands vautours planaient sur notre camp; dans cette solitude je les considérais comme des amis.

L'arrivée d'une troupe française avait fait le vide autour de nous, les montagnards nomades avaient été planter leurs tentes au fond de la vallée. Seul, le cheik était resté, sous la protection de nos carabines, avec Tou Amy, son serviteur, son esclave, son chien de garde.

El-Haoussin ben Ramdam habitait le bordj d'Aïn Kébira, triste ruine aux murailles effondrées, aux bastions inachevés, sans portes ni fenêtres. Une échelle grossière donnait accès dans l'unique pièce du pavillon nord, qui servait de chambre à coucher au cheik et de salle à manger tout à la fois. La cuisine se faisait en plein vent, à l'abri du mur ; les jours de tempête, il était impossible d'allumer du feu et le menu devenait frugal : sardines à l'huile et pain dur à tous les repas.

El-Haoussin fut mon ami ; mais, je l'avoue, cette nature douce et mystique, ce caractère timide, ce tempérament silencieux et calme ne me donnèrent pas d'entières satisfactions. Je m'attachai à lui parce que je le savais persécuté et digne de compassion, parce qu'il n'avait plus un ami sur terre. Il me raconta l'histoire de sa misérable vie, terminée à vingt-neuf ans ; il se sentait condamné par une implacable haine de famille, et lorsque j'appris qu'il avait été lâchement assassiné, par des gens qui devinrent introuvables, je prononçai tout haut le nom de son meurtrier, musulman infâme qui continua à vivre dans l'impunité, entouré de la considération de tous.

Ce pauvre El-Haoussin était un désespéré ; fataliste avec exagération, il était, par conséquent, courageux et téméraire, son sang-froid me charmait, et avec un tel appui, dont je pouvais me servir comme médiateur ou comme défenseur, j'avais moi-même une confiance absolue dans l'avenir de mon détachement.

Je lui fis part de mes observations au sujet des instructions stupides de la Calle, lui déclarant que je prenais toute la responsabilité de mes désobéissances aux ordres donnés, l'engageant à se dégager de tout sur moi ; je m'offris à lui servir de tête de Turc en cas de reproches ; mais je lui demandai, en échange, sa protection armée et le secours de son influence, très faible du reste, dans les aventures qui pourraient nous arriver.

Le maître étant mon ami, le serviteur le devint presque aussi. Certes, je ne me flatte pas de l'amitié de ce bandit, de ce voleur doublé d'un assassin ; mais en dehors de tout le mépris que m'inspira Tou Amy, je fus obligé de reconnaître chez lui un sentiment délicat, je veux parler de l'attachement profond qu'il avait voué à El-Haoussin.

Ce montagnard abruti retrouvait toute son intelligence quand il s'agissait de la sécurité de son maître ; il avait un instinct d'animal doublé par une prodigieuse finesse des sens ; en bien des occasions, j'ai été étonné de la puissance de sa vue et de l'extrême sensibilité de son ouïe. Il était un des agents actifs de cette télégraphie arabe qui apprend et colporte les nouvelles avec une si prodigieuse rapidité. Plusieurs fois par jour, il montait sur le point culminant de la montagne, inspectait l'horizon, et faisait flotter un pan de son burnous. La conversation s'engageait alors à quelques kilomètres de là, et du Nord au Sud, de l'Est à l'Ouest, il savait tout ce qui se passait aussi bien en Tunisie qu'en Algérie. Cette surveillance de l'horizon nous permettait de dormir tranquilles.

Dans ce lieu solitaire, n'ayant rien de confortable qui engage à travailler, obligé de vivre au grand air vif des hauteurs auquel on est exposé nuit et jour, je me suis mis à chasser. Avec un bon fusil et une ceinture garnie de cartouches, je ne craignais pas grand'chose ; d'ailleurs, en cas de rencontres désagréables, un signal devait prévenir au camp, de même qu'un certain nombre de coups de feu devait m'annoncer ce qui pouvait se passer dans le détachement. J'avais encore mon ami, El-Haoussin, qui, en mon absence, muni de mes instructions, devait prendre au besoin le commandement de ma petite troupe.

Aussi je m'en allais plein d'insouciance, m'en rapportant à la Providence, qui tient notre vie entre ses mains.

La chasse était dure dans les pentes abruptes, le taillis était parfois si épais qu'il formait un obstacle infranchissable. Le gibier abondait partout, oiseaux étranges, quadrupèdes extraordinaires. Les fauves n'étaient pas rares dans ces forêts immenses ; ils vivaient paisiblement tantôt sur les hauteurs, et tantôt au fond de la vallée. Au bord de la rivière, dans le calme et le silence de ces belles soirées chaudes de juillet, toutes ces bêtes venaient se désaltérer. Etendu dans l'herbe épaisse, j'assistais au défilé des hardes de sangliers qui descendaient barboter dans l'eau fraîche, aux chasses du chat-tigre qui guettait les barbots sur la rive ; souvent une loutre traversait la rivière, et puis c'était encore une nuée d'oiseaux ; des guêpiers verts et jaunes, des geais bleus, des courlis, des sarcelles grises, des poules d'eau, tout un monde, peuplait cette solitude que l'homme avait respectée.

Tous les jours je venais me reposer au même endroit, c'était une petite clairière qui mourait en pente douce au bord du torrent, se relevant brusquement en aval, pour former une berge élevée.

Une herbe puissante poussait là, émaillée de fleurs rouges et blanches, le soleil de midi faisait vibrer toutes ces couleurs éclatantes et mettait de grandes plaques fauves sur le sol humide. Des gerbes de rayons d'or descendaient du faîte des grands arbres, et, dans cette poussière lumineuse, des millions d'insectes volaient et bourdonnaient.

Autour de cette prairie minuscule, c'était toujours la grande futaie sombre et silencieuse, le sous-bois obscur ; dans l'humidité chaude et dans le jour brun, une végétation étrange, prodigieuse, crevait le sol.

La rivière, très calme en cet endroit, coulait sur un lit de cailloux noirs et rouges, égayant cette solitude d'une gamme perlée qui modulait un chant bizarre et triste.

Aucun sentier ne menait là, j'y étais arrivé par hasard, je ne sais comment, en poursuivant un oiseau curieux par une coulée de sangliers ; l'endroit m'avait plu et j'aimais à y revenir.

Quelques jours après mon installation, eut lieu le grand marché de la contrée qui se tenait deux fois par an à Aïn Kébira.

Ce site désert et élevé était bien choisi, sur la frontière des deux pays et sur le parcours d'un des seuls sentiers praticables de ces montagnes.

Le marché se tenait sur un plateau herbeux, un peu au-dessous de mon camp ; de beaux arbres séculaires formaient une bordure à cette prairie, ils avaient poussé là par hasard, au milieu des rochers qu'ils enserraient de leurs puissantes racines.

Dès le petit jour, Algériens et Tunisiens arrivèrent. Très pittoresque ce défilé en file indienne. Du côté de la vallée, les Arabes portaient leur costume national vieux comme le monde, gandhoura, burnous et haïck blanc ; les Tunisiens étaient vêtus de la culotte collante arrivant aux genoux, de la veste soutachée, et leur tête disparaissait sous d'immenses turbans jaunes et roses.

Chacun prenait sa place dans la prairie, entravait ses bêtes, et étalait sa marchandise sur l'herbe. Puis les groupes se formèrent pour traiter les affaires ; mulets et chevaux étaient présentés tout comme dans nos foires de France, l'acheteur détaillait les animaux et le marché se concluait. Normands, Arabes, Tunisiens et Gascons, tous les mêmes quand il s'agit de l'intérêt, tous retors, tous voleurs : est-ce donc une loi de la nature humaine ?...

L'orge s'amoncelait dans tous les coins, enfermée dans des Tellis ventrus aux couleurs éclatantes. Le vendeur dormait sur ses sacs, à l'abri de sa marchandise, en attendant les clients. Sous les grands arbres, dans l'endroit le plus ombreux, les bimbelotiers avaient installé leurs articles sur de petites tables recouvertes d'étoffe rouge ; le soleil, ardent déjà à cette heure matinale, allumait tous les cuivres polis, les fers-blancs et les verroteries ; plus loin, les marchands d'étoffe exhibaient leurs précieuses marchandises : soies éclatantes, brochées d'or et d'argent, turbans roses, foulards verts brodés et frangés, gandhouras de soie blanche finement travaillées à la main d'une mosaïque multicolore, mousselines de couleurs tendres lamées d'argent ; et à côté de ces merveilleux tissus les étoffes de coton plus modestes, portant leurs marques de fabriques anglaises, camelote d'exportation vendue très cher et ne valant rien. Puis venaient les comptoirs des cuirs, des bottes, des sandales, des babouches brodées d'or et de soie, des chemises de selles en fillali rouge, des djebiras et des sacs de toutes les natures, de toutes les formes, ornés et festonnés de soie verte et blanche.

Dans un autre coin du marché les bouchers étalaient la viande saignante et préparaient devant le public de gigantesques couscoussous ; une odeur âcre flottait là, provoquée par la cuisson de toutes les graisses rances, et par la friture des pâtissiers qui fabriquaient des galettes et des gâteaux au miel qu'ils faisaient revenir dans un bain de graisse de mouton.

Au centre du marché, de grandes tentes abritaient les jeunes femmes, toujours captives ; elles ne voyaient cette activité que de loin, surveillées par l'œil jaloux de leurs sultans. Dans l'entre-bâillement des toiles, on devinait de temps en temps un visage pâle et charmant éclairé par deux yeux noirs agrandis par le koheul ; on recevait un sourire en passant et les lèvres rouges découvraient des dents d'une blancheur de perle.

Un peu partout, la musique arabe grinçait, la petite flûte égrenait ses notes stridentes dans le ronflement de la derbouka. Une écuelle, placée sur une pierre devant les musiciens, réclamait l'obole du passant.

Partout, c'était un va-et-vient continuel, des salamalecks à n'en plus finir, un bourdonnement non interrompu. Quelquefois, des cris sauvages dominaient tous ces bruits, c'était un marabout déguenillé, horrible à voir, qui se livrait à des contorsions affreuses. Personne ne s'occupait de ce misérable, habitué des marchés des environs, qui offrait gratuitement le spectacle repoussant de la saleté et de la folie, et cependant, cette brute était considérée comme un saint, on suivait ses conseils en bien des circonstances, et beaucoup redoutaient ses prophéties macabres et ses malédictions.

Dans la journée, je me mêlai à la foule; je fus naturellement le point de mire de tous les regards. L'attitude de tous fut respectueuse et polie, en général, mais j'avais compté sans le marabout, qui fut pris à ma vue d'un accès de fureur religieuse contre les infidèles et se mit à réciter des litanies sauvages dans lesquelles il réclamait l'extermination des chrétiens.

Pour ne pas accroître son exaspération ni donner lieu à une scène violente, qui aurait pu tourner à mon désavantage, je crus prudent de quitter le marché et j'envoyai un de mes hommes avec mission de surveiller l'énergumène. A la nuit tombante, ce spahi vint m'avertir qu'il constatait une certaine effervescence. Tou Amy me confirma cette nouvelle, et le Cheik me conseilla de prendre un parti sans hésiter. Quatre de mes hommes, déguisés en montagnards pour la circonstance, furent chargés de l'enlèvement qui, grâce à l'obscurité, réussit à merveille ; l'homme fut bâillonné, garrotté et conduit au silo sur l'ouverture duquel on roula une grosse pierre. L'on chercha bien un peu le marabout, mais la nuit était si noire et l'heure si avancée que chacun rentra chez soi.

A 11 heures, le plateau d'Aïn Kébira était redevenu silencieux et désert.

Lorsque tout bruit eut cessé, je fis sortir le saint de sa prison et j'eus devant moi un forcené tout disposé à m'étrangler s'il eût pu le faire. Un grand feu était allumé dans la cour du bordj, ce misérable alla se rouler dans les flammes et marcha sur les charbons ardents; une odeur de cuir roussi nous enveloppait.

Ce spectacle me fit horreur, et profitant de la nuit, je fis partir le fakir sous la garde de deux de mes hommes et de deux *goumiers* pour être remis entre les mains du caïd Ben Ramdam. J'aurais pu l'envoyer directement au chef du bureau arabe de la Calle, mais je savais ce dernier l'âme damnée du caïd, et, connaissant les dessous politiques de l'administration, je ne comptais que sur mon rapport qui, lui, quoi qu'il arrivât, devait rester aux archives.

Ce que j'avais prévu se réalisa : l'insulteur s'enfuit avant d'arriver à destination, et l'officier français, faisant strictement son devoir pour garantir sa vie, fut sérieusement blâmé...

Cette évasion fut profitable à Ben Ramdam, et à d'autres probablement, et la rançon de cette infamie fut élevée ; je puis le supposer.

Le lendemain de ces événements, les Arabes vinrent me demander le prisonnier ; leur attitude était insolente, je fus obligé d'être plus insolent qu'eux.

Devant mon arrogante fermeté et l'annonce que je leur fis du départ du marabout, je constatai une certaine détente dans les hostiles dispositions des réclamants.

Cette semaine fut peu agréable, et malgré la surveillance active exercée jour et nuit, je sentais le poids de la responsabilité qui m'incombait dans cette situation. El-Haoussin était grave, Tou Amy se dédoublait pour aller aux nouvelles et en rapportait quelquefois de peu rassurantes. Mes spahis, eux-mêmes, paraissaient soucieux ; tout était fait pour me troubler...

Grâce à mon ami, qui donna satisfaction à tous avec un tact et une habileté dignes de remarque, je compris un matin que la paix était signée en voyant arriver une diffa complète. J'acceptai le cadeau, sans hésitation, parce que je savais que c'était nécessaire. Mes hommes et Tou Amy vécurent dans l'abondance pendant plusieurs jours.

Je devins petit à petit l'ami de ces bandits ; ils avaient pour moi un véritable respect, aimaient ma brutalité, ma parole brève et mes colères, mais je n'avais en eux aucune confiance et je les redoutais d'autant plus que nos relations étaient plus amicales.

Cette vie pénible, hérissée de difficultés et d'ennuis, fut adoucie par le contact d'une adorable fillette. Cette idylle ne devrait pas figurer ici, et rester à tout jamais enfermée dans le souvenir du naïf qui l'a rêvée et entrevue, mais ce souvenir d'une liaison toute chaste est un des plus délicieux de ma vie ; je le revis en l'effleurant.

Elle était tombée entre mes bras un jour de grand soleil, dans la solitude du hallier et, sans une parole, elle avait collé ses lèvres sur les miennes. J'avais bu son baiser, je m'étais enivré du parfum de sa peau fraîche, fouettée par les grandes brises de la montagne.

Je revois encore la tête charmante de Thaous, s'appuyant sur mon épaule, en entourant mon cou de ses bras nus, sa petite oreille rose qui écoutait les histoires de la civilisation, ses yeux noirs qui plongeaient jusqu'au fond de mon âme, et sa bouche suave qui me couvrait de baisers et m'enveloppait, de son haleine parfumée.

Moi, dans cet enfant, je ne voyais qu'une incarnation céleste, une fée, une apparition d'un autre monde venue là pour me consoler et me faire oublier.

Chaque jour, je lui donnais rendez-vous à la petite clairière au bord du torrent, et chaque jour je l'y retrouvais.

Une après-midi, je ne la vis pas à sa place habituelle, couchée dans les fleurs ; j'étais tout troublé de l'absence de mon amie. Soudain, en arrivant sur la berge, je l'aperçus dans l'eau claire, ses cheveux noirs dénoués flottaient sur le courant ; d'un bond elle sauta hors de l'eau et se suspendit à mon cou.

La petite Thaous ne reçut, ce jour-là, comme les autres jours, qu'un baiser d'ami sur ses lèvres.

Quand je quittai Aïn-Kébira, elle pleura la pauvrette...

Le 1er août, au soleil couchant, je revis Bou-Hadjar. Le bordj était noyé dans une buée rose, les senteurs puissantes de la plaine cultivée nous enveloppaient ; le sentier traversait des champs de chaumes décolorés, des prairies brûlées par l'été, et, tout au fond de la grande vallée, la masse noire des montagnes faisait violemment ressortir toutes ces teintes neutres. L'air était embrasé, une chaleur suffocante montait de la terre. Maintenant le ciel était éteint, et fiévreux, haletant, dévoré par une soif ardente, je revoyais l'eau fraîche d'Aïn-Kébira, et les lèvres suaves de Thaous.

Pour aller à Soukharras, il faut faire douze lieues dans la montagne et suivre un sentier de chèvres raviné par les pluies et pavé de rochers polis comme l'agate. Dans cette escalade, la vue est si belle qu'il n'y a pas lieu de regretter les longues et laborieuses heures de l'ascension.

Jusqu'aux sommets, c'est une chevauchée de quatre heures au milieu des lenstiques, des mimosas, et des arbousiers qui offrent au passant sur le bord du chemin, leurs fruits rouges exquis. C'est encore la futaie profonde et ombreuse avec son fouillis de forêt vierge, ses lianes gigantesques, ses mousses épaisses ; dans les clairières, sur l'humus accumulé là depuis des siècles, l'herbe pousse avec une vigueur exceptionnelle, touffue et serrée, conservant ce vert très pâle de toutes les plantes qui croissent à l'ombre. Le sous-sol imperméable, entretient une humidité permanente ; au soleil levant, dans cette première chaleur supportable encore, une brume légère monte dans le ciel, vous enveloppant d'une senteur âcre, et de miasmes délétères qui engendrent la fièvre.

Tout en haut, vers les cimes, les pentes deviennent exagérées, la végétation cesse ; c'est la région des plantes chétives qui ne craignent point les grands souffles et les températures extrêmes. Çà et là, cependant, des touffes d'un vert sombre constellées de jolies fleurs rouges ayant une grande analogie avec les rhododendrons des Pyrénées.

A toutes les hauteurs, le paysage est admirable, mais c'est surtout sur la crête de la montagne, quand la vue peut s'étendre de tous les côtés, que le panorama devient grandiose.

Sur le versant Est, changement de décor, il faut descendre pendant plusieurs heures au milieu de la plus complète aridité, sur un sol d'un gris jaune qui fatigue affreusement la vue. Le voile vert devient ici nécessaire, toutefois je ne puis dans ce pays si chaud recommander le voile en général comme d'un usage sérieux, s'il présente des avantages il a aussi des inconvénients, congestionne la face et, à mon avis, favorise le coup de soleil. Les lunettes fumées me semblent le meilleur, sinon le plus élégant, des préservatifs.

Au moment de la forte chaleur, j'arrivai à une

fontaine chaude, un Hamman d'eau sulfureuse très limpide. Cinq ou six personnes des deux sexes se reposaient sur ses bords, à l'ombre d'un lenstique.

Je ne pus résister à l'occasion qui se présentait de prendre un bain délicieux, et, en un clin d'œil, je fus dans la piscine, au grand scandale des indigènes qui se voilèrent la face devant la profanation de ce chrétien. Quelques paroles mal sonnantes arrivèrent à mes oreilles ; sortant alors du bain, et de ma réserve habituelle, je sautai sur ma cravache et fondis comme une trombe au milieu des insolents qui s'enfuirent à toutes jambes. Il faut croire que cette scène fut comique, car, en revenant me plonger dans l'eau, je vis mes spahis qui riaient à se tordre.

Une heure après ce petit incident je me trouvais à l'entrée du village nègre de Soukharras.

Très sale ce village, et aussi très nauséabond, des ordures partout. Et devant les cases aux murs souillés, aux toitures effondrées, à côté de la laideur hideuse des vieilles femmes, de suaves figures d'enfants et des jeunes filles adorables.

Le lendemain de mon arrivée, la ville était en liesse, je ne sais trop à quelle occasion. J'allai dîner avec les officiers d'infanterie. Ce dîner fut suivi d'une réception au cercle, on y fêtait une promotion. On but furieusement et l'on chanta jusqu'à minuit.

Rien n'est agréable comme ces épanchements militaires ; on est très à l'aise, dans ce milieu de camaraderie à toute épreuve, pour deviser des choses de la guerre et raconter des histoires d'amour. Heureux temps que celui-là ! où le cœur léger et la bourse légère, nous traversions la vie avec cette insouciance et cette sérénité qui ne connaît que l'heure présente, sans regrets, sans souci.

A deux heures du matin, je monte à cheval avec mes camarades du 3ᵉ escadron qui sont campés à quatre lieues de là dans la forêt. Cette promenade de nuit nous remet un peu des excès de la soirée. Après la salle enfumée par les lampes à pétroles et les pipes, l'air vif des hauteurs nous fit du bien.

Mes camarades de l'escadron mobile me reçurent comme un frère, tout naturellement cette réception en plein air n'avait pas le caractère d'intimité d'une réception à huis clos ; nous chassâmes beaucoup et galopâmes jusqu'à la frontière de Tunisie, brûlant quelques centaines de cartouches.

Le soir, nous rentrions au camp harassés de fatigue, suffoqués par la chaleur, la peau brûlée par le soleil d'août, puis nous engloutissions le dîner et allions dormir sous la tente ; une couverture étendue sur la terre nue nous procurait des sommeils de brutes jusqu'au soleil levant, et de nouveau, nous enfourchions nos chevaux, maigres, ardents, rompus comme nous à la fatigue, et la chasse recommençait de plus belle.

Cette vie d'hommes sauvages avait développé chez nous une vigueur et une force physique considérables, et dans de telles conditions nous traversions des époques de fièvres avec une facilité qui se conçoit facilement. La maladie n'avait pas de prise sur nous, tandis qu'elle frappait le sédentaire, l'ouvrier en chambre, l'ivrogne, le sybarite. C'est à ce surmenage que j'attribue la résistance de tempérament des explorateurs et des officiers de l'armée coloniale.

Au cours de ces excitations, l'intelligence prend un repos salutaire ; les pensées sont plus nettes, le jugement plus droit, et l'imagination, cette folle du logis qui conseille le désordre, qui amplifie toutes les aspirations, qui dore tous les rêves et finalement amène toutes les déceptions, reprend ici ses vraies proportions. Outre ces avantages, cette vie sait encore tempérer le caractère, adoucir la mauvaise humeur.

Toutes ces réflexions m'étaient suggérées par l'inaltérable sérénité des officiers du 3e escadron mobile et de leur capitaine qui réalisait le type accompli du supérieur bienveillant, sachant punir avec une parole aimable et surtout spirituelle.

J'ai servi sous les ordres de cet excellent W..., si aimé des siens, et j'avoue en toute sincérité que jamais relations d'inférieur à supérieur ne furent plus agréables. Il y a toujours grandes ressources chez les êtres intelligents, et malgré tout ce qui peut arriver, une corde à laquelle on se raccroche, quand on comprend qu'il est nécessaire dans la vie de savoir se faire des concessions.

Je revins à la Smalah par le chemin le plus long, ayant du temps à perdre, à travers les forêts silencieuses de l'Est, perpendiculairement à cette houle de montagnes qui court vers les hauts plateaux de la Tunisie.

Pendant 60 kilomètres, je ne fis que monter et descendre sous les grands arbres qui m'abritaient du soleil, heureux de la sauvagerie profonde qui m'entourait.

Dans les heures chaudes, la forêt est muette, c'est l'instant de l'assoupissement, du sommeil, du repos ; pas un souffle, pas un chant d'oiseau, rien, que le bourdonnement des millions d'insectes qui dansent dans la poussière diamantée du sous-bois ; rien de triste comme ce concert en faux-bourdon, monotone et lugubre dans le grand silence des forêts endormies.

Dans le talweg des ravins il y a de l'eau, de petits

lacs, des sources, des ruisseaux, les unes limpides, les autres troubles, insipides ou nauséabondes. La pourriture végétale de ces forêts séculaires tapisse tous ces fonds d'une couleur noire ; une végétation colossale croît autour de cette humidité, de grandes fleurs tachent de leurs couleurs pâles tout ce sol triste et y mettent un peu de vie.

Dans un fond, je rencontre sur mon chemin une source étrange, d'un débit très faible, alimentant un petit bassin circulaire ; son eau est laiteuse, opaline, d'une saveur âcre, d'une odeur acide ; ses bords sont nus et ravagés. C'est une source empoisonnée par des sels de cuivre.

Sur un des sommets les plus élevés, mes spahis me font faire un crochet pour admirer le paysage tunisien, un coin de la vallée de la Medjardah.

Admirable, cette échappée verte, cette vallée profonde fertilisée par le torrent rapide qui devient là une paisible rivière, admirables ces prairies entourées de forêts, ce parc immense. Très loin, au fond du paysage, des points noirs, ce sont les douars des Ouchetetas ; partout des taches rousses immobiles, ce sont les petites vaches arabes qui fournissent un lait très apprécié dans le pays de Bou-Hadjar.

Les frondaisons éclatantes de la forêt avaient

désormais cette couleur terne qui annonce l'arrivée de l'automne. Ce n'était pas encore cette gamme de tons merveilleux qui donnent à cette saison tant de charme et de poésie, et cependant, on sentait venir avec les grands nuages sombres poussés par les vents furieux de l'équinoxe, les journées humides et courtes. et tout leur cortège de tristesse et d'ennui.

La prairie verdoyante n'existe plus ; les fleurs qui embaumaient l'air et réjouissaient la vie avaient secoué sur la terre leurs pétales et leurs graines ; le soleil pâlissait, et nous subissions tous cet engourdissement de la nature qui se parait une dernière fois pour mourir enfin en hiver.

Il fallait réagir contre cet état de choses, la chasse fut pratiquée avec fureur. Accrochés aux flancs de la montagne, nous passions des heures entières à envoyer notre plomb aux bécasses. La petite meute de bassets hurlait dans la plaine, et puis, quand arrivait le soir, l'affût du sanglier nous retrouvait encore le fusil à la main.

Notre capitaine avait certainement une amourette à Bône, il était absent trois semaines sur un mois.

G. nous avait quittés et se prélassait à La Calle au sein de sa famille.

Nous n'étions plus que trois officiers français ; depuis une année entière que nous vivions côte à côte, nous avions vidé le sac de nos souvenirs et de nos exploits. Les repas étaient tristes, la conversation banale ; il arriva même entre Z. et nous des discussions qui tournaient mal. En un mot, l'hiver s'annonçait comme ne devant pas être gai.

Un jour, je rencontrai un de mes sous-officiers indigènes qui rentrait du territoire des Ouchetetas ; il portait sur son épaule un fusil à deux coups et paraissait radieux. Je lui demandai d'où il venait, il me répondit qu'il était allé tuer un Tunisien du douar campé de l'autre côté de la rivière ; les bandits de cette tribu lui avaient volé deux bœufs, et il s'était vengé de cette manière.

Habitué que j'étais aux mœurs un peu barbares des Arabes, je me contentai de gourmander doucement mon subordonné, en lui faisant comprendre qu'il exposait sa vie pour un motif bien futile, qu'il devait songer à la famille et à la patrie française avant de penser à son troupeau. Il accepta mon petit sermon et se retira, la conscience tranquille, tout disposé à recommencer si l'occasion se présentait encore.

Cette affaire me tracassait ; elle pouvait avoir des conséquences fâcheuses pour notre tranquillité, et je ressentis alors les charges et la responsabilité que me donnaient le commandement provisoire de l'escadron.

Je pris sans qu'il fût possible de s'en douter quelques précautions indispensables et je ne dormis que d'un œil cette nuit-là.

Au réveil, j'allai rendre visite à l'immense meule de foin qui devait nourrir nos chevaux pendant la mauvaise saison. Elle venait d'être terminée, une toiture de chaume, artistement faite, l'abritait de la pluie et les ouvriers qui venaient de finir ce travail avaient eu soin de placer au sommet du monument un lambeau tricolore qui demandait une gratification sérieuse.

Tout était pour le mieux, le temps superbe, et la vie au grand air reprit son cours. Le fretin de la rivière eut tort ce jour-là.

Après le dîner, nous allâmes, comme de coutume, fumer sous les mûriers de la petite place. La nuit était très noire, mais l'air si tiède qu'il nous faisait oublier l'heure du repos ; nous étions lancés dans une interminable discussion sur le bon et le mauvais côté de la vie militaire.

Soudain, dans le calme de la nuit, un coup de feu éclate, suivi d'un second, puis d'un troisième.

Z. se lève, et part, le bruit de la poudre le troublait toujours. Je rentrai quelques minutes après avec A. et envoyai un spahi de service s'informer de la cause qui avait produit tout ce tapage. Nous attendions la réponse, assis dans la chambre du docteur et regardant par la fenêtre ouverte dans le noir. Et voici, que tout à coup, une lueur immense monte vers le ciel ; la meule, la pauvre meule, terminée le matin même, était en feu.

Ce fut une nuit terrible que cette nuit-là ; éclairé par cette torche gigantesque, le paysage était effrayant. Au lever du soleil, il ne restait plus qu'un amas de cendres grises.

Mes appréhensions de la veille étaient fondées, les Tunisiens venaient de venger la mort de leur compagnon.

C'est à cette époque que je partis pour D..., avec mission de surveiller la frontière pendant un mois.

Mon nouveau poste me procurait une installation assez convenable, et, si je n'avais été dans la plus affreuse des solitudes, j'aurais pu y passer d'agréables semaines.

Sur le sommet d'un rocher pointu comme un pain de sucre, se trouve perché le petit bordj qui doit m'abriter. Solidement établi pour la défense, protégé par des portes de fer et des serrures à faire rêver un geôlier, ma nouvelle demeure, à défaut de confortable, procure une sécurité relative qui a bien son mérite.

Tout autour de moi la forêt immense, et, à mes pieds, le torrent de la Medjardah qui écume dans son lit de granit rouge.

Le calme sinistre de ces forêts impénétrables, le bruit monotone du torrent qui ressemble à une plainte perpétuelle, l'ombre qui plane sur cette vallée, avaient éloigné tout être humain. Dans les brumes du soir, à cette heure où la nature nage dans le vague et l'indécis, l'on ne pouvait se défendre d'un sentiment de tristesse et d'effroi ; et quand, la nuit, on avait entendu les cris discordants des fauves qui abondent dans les grands bois, le lourd sommeil que procure la fatigue ne donnait plus que des rêves douloureux.

Le chacal venait aboyer sous nos fenêtres, il était maître chez lui et en prenait à son aise avec nous. Puis, c'était encore les vilains oiseaux de nuit qui frôlaient de leurs ailes grises les fenêtres éclairées de ma chambre, jetant à l'ombre leur cris plaintifs.

Souvent, la tempête forcenée couvrait de sa grande voix tous ces bruits ; c'était un grondement de tonnerre qui nous tenait éveillés jusqu'au matin, et lorsque le jour revenait, apportant le calme et la sérénité, il fallait quitter sa couchette pour donner des ordres et constater une fois de plus la réalité de cette existence pitoyable.

Le pays ne présentait aucune sécurité, il fallait bon gré mal gré être prudent. Les sorties se faisaient le fusil sur l'épaule, c'était un ordre du commandant supérieur qui, cette fois, avait sa raison d'être.

J'avais heureusement près de moi un gai compagnon ; X... était sous-officier et au début de sa carrière militaire. Il prenait la vie du bon côté et se préoccupait très peu de l'avenir, heureux pour le moment et ne demandant rien, que la liberté dont il jouissait et l'oisiveté dans laquelle il aimait à vivre. Il avait cette audace que donnent la jeunesse, la santé, et un tempérament robuste sous l'empire de toutes les concupiscences. Il recherchait les bonnes fortunes, et n'avait d'autre souci que celui de se créer des distractions nouvelles.

X... était parisien, boulevardier, mondain; il avait gaspillé une partie de son patrimoine avec les beautés surannées de la rampe, et c'était pour lui une satisfaction sans égale, que de parler de ce temps brillant.

Il me conduisait dans les coulisses des théâtres de genre, me faisait souper en imagination dans les cabarets à la mode et m'initiait aux mystères des tripots. Ce brave garçon qui dormait maintenant sur la terre nue, n'ayant d'autre oreiller que sa selle, parlait avec enthousiasme des boudoirs tendus de satin et des lits parfumés des demoiselles, des oreillers de dentelle où l'on finit par devenir un crétin si l'on ne devient pas un malheureux.

Enflant ses narines au souvenir des énervantes senteurs de la femme de là-bas, et frisant sa moustache d'un geste magnifique, il finissait invariablement la conversation par ces mots : « Eh bien, vrai! cette vie-là avait tout de même du bon. »

X... était un type curieux, l'incarnation de la futilité ; son cœur était aussi vide que sa cervelle. Cette intelligence sans culture, très imparfaitement développée par ce fait même, ne cherchait dans la vie que la réalisation de toutes les vanités, de tous les appétits et de toutes les jouissances. Il avait des théories étonnantes et traitait avec un sans-gêne curieux les questions les plus élevées de la morale, donnant une solution à toutes choses. N'ayant jamais cherché, dans l'étude d'une philosophie saine, des conclusions raisonnables, il se complaisait dans la morale élastique d'Epicure et appliquait ses déductions à sa manière de penser et de vivre.

Je sortais souvent dans les environs de la petite forteresse, et tous les jours j'allais mener mes chevaux à la rivière. De l'autre côté de la Medjardah s'étendait le territoire tunisien ; souvent nous causions d'une rive à l'autre avec les honnêtes bandits nos voisins ; c'était alors des histoires à n'en plus finir, et qui, tout en présentant un caractère pacifique, laissaient entendre qu'il ne fallait pas de familiarité. J'aimais ces conversations, elles m'apprirent bien des choses curieuses, et j'ai connu de cette façon des détails inédits sur l'insurrection de 1870. D'un autre côté, je voyais des humains et au milieu de ma solitude cela était bien aussi quelque chose.

Au cours de cette existence, limitée par les circonstances elles-mêmes, j'ai ressenti plus d'une fois la lassitude du découragement. Je me demandais alors, ne constatant que la tristesse de mon isolement, si c'était bien là cette vie qui devait me consoler des déboires de la garnison, et, sous l'influence de la fièvre d'ennui qui m'envahissait, je ne comprenais pas qu'un mois de cette sévérité d'ermite apportait, au contraire, au cœur et à l'esprit une nourriture fortifiante, un repos salutaire. J'étais toujours sous la domination impérieuse de la vie en commun, et sous les frondaisons paradisiaques de la forêt, là où le peintre et l'artiste eussent aimé vivre, je végétais, parce que le bruit manquait autour de moi et que je n'avais à opposer à la réalité affreuse que des souvenirs charmants et des regrets.

X... avec ses histoires finissait par me faire supporter les heures ennuyeuses de la journée. Le récit de ses amours, où la vanité remplaçait toujours le sentiment, m'a souvent amusé ; la description du luxe insolent de toutes ces filles de portières qu'il évoquait avec un si grand enthousiasme me faisait sourire. Je dois donc à ce bon garçon une mention toute particulière, car il a su me distraire et me consoler.

Un matin, nous vîmes en bas de la montagne des burnous rouges qui venaient vers nous, et, le soir même, nous dormions sous le toit tant désiré de Bou-Hadjar.

L'hiver est arrivé, la pluie ruisselle sur les vitres du bordj, les brouillards couvrent la campagne, les torrents débordent ; les courriers ne nous parviendront plus pendant un mois et nous voilà, par le fait de cette atroce saison, séparés du reste du monde.

Ici, pas de veillée possible, faute d'éléments. Z... profite du froid pour passer presque tout son temps dans son lit ; A... qui a besoin de repos se couche à 8 heures ; étant seul, je suis obligé d'en faire autant.

J'avais eu l'heureuse idée d'apporter quelques livres de France, ils gisaient dans un coin, couverts de poussière et de mépris. Et voici que maintenant je trouve en eux les compagnons les plus fidèles, les amis les plus sûrs. Pauvres chers livres ! je n'aurais jamais dû les quitter. Mais un jour l'ingratitude me les fit abandonner et, je rougis en l'avouant, j'ai préféré quelques louis d'or à leur société si consolante.

En janvier, je partis pour Bône ; je désirais me retremper dans la vie civilisée, rencontrer de joyeux camarades et mener pendant quelques jours la vie de citadin.

J'avais de l'argent, économisé par force à la Smalah ; ce fut donc comme le collégien en vacances que je me jetai dans cette jolie petite ville que baigne le flot bleu de la Méditerranée.

Je rencontrai là un jeune homme brun qui occupait la sinécure de consul de Tunis à Bône. A... était joli garçon, intelligent et spirituel, mais très infatué de sa personne ; il prenait volontiers des airs d'ambassadeur, et pour les timides, sa vanité, son aplomb, son habitude de causer à voix basse et mystérieuse lui donnaient un semblant d'importance.

Je me liai avec lui entre deux absinthes, et, sous les regards veloutés d'une belle mauresque qui répondait au nom de Zora, nous devînmes une paire d'amis.

Les amitiés qui naissent de la sorte sont éphémères, et ma liaison avec ce farceur, parvenu depuis à une très haute situation, ne m'a laissé aucun regret sur son peu de durée.

Bône est une ville charmante, toute française malheureusement ; elle n'a rien du cachet de ces vieilles cités arabes où tout est pittoresque, bizarre et fantastique. Nous sommes en lieu civilisé, au pied des grandes collines vertes où fut Hippone. Tous les souvenirs de cette belle époque, qui connut saint Augustin, sont encore vivants dans ce paysage grandiose, et c'est avec émotion et respect qu'il faut chevaucher au milieu des vestiges de cette vieille civilisation que l'on retrouve à chaque pas.

Notre époque, moins brillante et plus positive, a réuni dans ce petit port tout ce qui peut séduire les appétits des touristes : beaux hôtels, cafés confortables, rues larges, sites agréablement ménagés, bains de mer délicieux, etc... et si la population est de la pire espèce, on a du moins la satisfaction de trouver une résidence gaie et amusante.

L'arrivée régulière des paquebots qui apportent les nouvelles et les journaux de France est une distraction perpétuelle, le port devient alors un lieu de rendez-vous ; il est assez curieux de voir débarquer les têtes pâles des Anglais qui viennent demander des couleurs à notre soleil, et aussi les émigrants d'Alsace-Lorraine qui sous la protection française, et la direction de M. d'Haussonville, s'imaginent trouver des mines d'or dans le sol de notre colonie. La vérité sur cette question philanthropique est pénible à dire.

J'ignorais à cette époque que la tentative de colonisation ne devait pas réussir, et quand je fus à même, plus tard, d'étudier sur place cette œuvre, très recommandable par elle-même, j'ai senti que tout cet édifice n'avait pas de bases et ne pourrait rester debout.

J'avoue que j'éprouvais un sentiment de tristesse en voyant sortir des flancs de tôle des navires, ces malheureux qui partaient vers l'inconnu ; c'était le défilé de la plus effroyable misère, de cette misère sale et repoussante qui inspire plus de dégoût que de pitié, et, si dans ce ramassis d'hommes et de femmes de tous les âges il n'y avait eu des enfants, on aurait pu détourner la tête et penser que cette écume était mieux à sa place loin de la France.

Je prenais mes repas avec mes camarades de la garnison dans un restaurant qui avait une certaine célébrité. Les mets n'étaient pas exquis ni les vins généreux, mais grâce aux trois jolies filles de la propriétaire de l'établissement, les repas étaient si gais, qu'ils faisaient oublier la médiocrité du menu.

Le capitaine W... adorait les fillettes et n'aurait pu quitter la table sans embrasser tendrement ses enfants, comme il les appelait ; mais aussi, lorsque le service était entravé par les circonstances que faisaient naître ces demoiselles, les reproches allaient leur train, la grosse voix arrivait et les jolis yeux bleus de Jeanne, notre servante habituelle, se mouillaient de larmes. Les convives perdaient alors leur gaieté, et le sérieux revenait dans la petite salle qui n'entendait, d'habitude, que des éclats de rire. Doucement, les yeux baissés, Jeanne apportait un plat, le déposait en soupirant devant le capitaine qui risquait un œil du côté de l'enfant chérie. Jeanne l'embrassait tendrement sur le crâne, et le bon vieux soldat désarmé couvrait de sa large face le mignon visage de la fillette et lui pardonnait encore une fois. C'était tous les jours la même comédie, avec quelques variantes ; elle était toujours drôle parce qu'elle était jouée avec une naïveté charmante et une simplicité qui faisait plaisir.

Jeanne avait une nature trop fine pour se contenter de la position vulgaire qui l'attendait ; il ne fallait pas à cet être gracieux une échoppe, mais bien un palais. Aussi fut-elle la plus détestable des épouses tout en restant la plus ravissante des femmes ; elle eut des adorateurs, connut la richesse, mais elle était Maltaise et un peu bohémienne ;

ces tempéraments-là ne peuvent vivre que dans les rêves et n'ont aucun souci des choses positives de la vie.

Je ne sais ce qu'est devenue Jeanne ; les flots bleus de la Méditerranée en savent peut-être plus long que moi.

Je retrouvai Bou-Hadjar avec une vive satisfaction. J'y revins par une de ces belles soirées d'hiver qui donnent aux lointains ces tons gris et fondus qui font le désespoir des artistes. C'était là une heure charmante où tout est tranquille et recueilli.

Ce brusque passage de la vie agitée à la solitude complète remit en moi une paix profonde.

Un matin, je reçus l'ordre d'aller prendre place aux escadrons mobiles du régiment. Il fallut dire adieu à la Smalah !

Je quittai Bou-Hadjar avec tristesse et regrets. J'étais malheureux en abandonnant cette vallée hospitalière où j'avais trouvé ce calme qui est la moitié du bonheur dans la vie.

Je regretterai toujours ces belles montagnes boisées, les eaux tapageuses du torrent, la fraîcheur de nos prairies, les longues heures de chasse à travers le hallier épais, et aussi, ces bons camarades que j'aimais malgré leurs travers. Eux aussi s'étaient faits à moi, et à l'heure de la séparation il y eut une larme furtive au coin de nos paupières.

II

EN GARNISON

II

Constantine est une ville étrange et peut-être, unique au monde. Construite sur un rocher escarpé, elle est par ce fait même très limitée. Les rues sont étroites et tortueuses, le soleil y pénètre rarement, et l'odeur désagréable du Juif flotte en permanence au-dessus de la vieille cité mauresque.

S'il n'y a point de satisfaction pour l'odorat à Constantine, il n'en est pas de même pour les yeux ; rien n'est saisissant comme la physionomie de cette ville.

La population est arabe et toute militaire. C'est un défilé perpétuel de zouaves, de tirailleurs, de chasseurs d'Afrique, de goumiers, de bédouins, qui éblouit l'étranger. La population civile, entièrement à son commerce et à ses affaires, ne fréquente pas la rue et vit derrière ses comptoirs. A toutes les heures du jour et de la nuit l'animation est grande, c'est un tapage perpétuel, un va-et-vient assourdissant ; les trottoirs servent de chaises et de lits aux Arabes des environs qui dorment là, enveloppés dans leurs burnous crasseux.

Constantine se présente sous trois aspects différents, suivant que l'on se trouve dans le quartier juif, dans le quartier français ou dans le quartier arabe. Le plus pittoresque des trois est, à coup sûr, celui qui abrite la race sémitique.

C'est là que l'on peut voir le fils d'Israël dans toute sa vérité. Les sordides habitants de ces ruelles étroites sont d'une obséquiosité et d'une politesse qui engagent le client ; leurs boutiques microscopiques renferment le nécessaire et le superflu ; à la condition de n'être pas trop naïf, on peut y traiter de bonnes affaires.

Dans le demi-jour de ces ruelles, l'air est plein d'odeurs fades et désagréables ; au parfum de l'encens d'Arabie, se mêlent les senteurs plus fortes des épices, des viandes avancées, et, si l'on est désireux de ne pas colporter avec soi toutes ces odeurs affreuses, il ne faut pas s'éterniser dans ce coin-là.

Le quartier arabe est tout différent ; dans celui-ci, ni boutiques ni étalages. Les maisons sont closes, prêtes cependant à s'ouvrir au premier venu. Ce point de Constantine fait connaître et dépeint d'un seul coup le caractère et les aspirations de l'Arabe. Être essentiellement paresseux, toujours sous l'empire du fantastique et du surnaturel bizarre que lui enseigne le Coran, voluptueux à l'excès, extatique, un peu poète et un peu bandit, l'indigène qui abandonne sa tribu et sa vie de pasteur vient chercher à la ville la satisfaction de tous ses désirs. Il oublie la famille nombreuse qui travaille là-bas, il n'a plus son lit moelleux de tellis sous la tente confortable ; il va coucher sur le pavé de la rue, mais il aura l'excitant des amours défendues et les caresses des ouleds nayls.

Tout le quartier arabe de Constantine n'est qu'un lieu de plaisir ; la musique, la danse, la chanson, le café parfumé, les émanations suaves de l'encens, les senteurs délétères du kif ; il vous faut vivre avec tout cela, et cette vie si légère, si peu dans nos mœurs, ne laisse pas dans l'esprit de sensation désagréable.

L'élément français, à Constantine, n'est pas brillant et je n'hésite pas à déclarer que l'Arabe sauvage est au-dessus de nos compatriotes, je ne parle pas du juif, qui est, et restera toujours, un être immonde et infâme.

La ville donne encore asile à une société cosmopolite, maltaise, italienne, espagnole, corse ; tout cela ne vaut pas cher, et il faut éviter les relations avec ces Méridionaux. Peu de colons sont dignes d'intérêt ; il en est cependant, qui ont su par leur vie régulière s'attirer l'estime et même l'amitié de la population militaire, d'autres ont un passé si obscur, un présent si étrange, que, malgré tout, les voilà compris aussi dans ce grand pardon que nous prodiguons si inconsidérément de nos jours.

Il y avait, à cette époque, une brave femme qui appartenait à cette dernière catégorie. Mme Charles tenait sur la place du Gouvernement le café militaire ; c'était là un lieu de réunion pour tout ce qui occupait une position dans Constantine, autant dire dans la province. A certaines heures de la journée et le soir, l'établissement était bondé de consommateurs. Ce cercle avait vraiment de l'originalité, les brillants costumes de l'armée d'Afrique mélangés aux burnous des chefs indigènes et à la redingote noire des fonctionnaires présentaient un curieux tableau. Au milieu des groupes circulait la mère Charles, toujours souriante, toujours disposée à boire un verre de chartreuse. Elle avait de l'esprit et aimait bavarder. Je dois dire que rien n'épouvantait cette brave femme et qu'elle était de taille à écouter, et même à renchérir sur la chronique légère et amoureuse de la localité. Elle était l'amie de ses clients et lorsque, après une absence prolongée, on rentrait au café, il fallait embrasser Mme Charles dans son comptoir ;

tout cela se faisait très naturellement et personne n'eût osé y trouver à redire. Cette femme avait un cœur d'or, mais cette remarquable qualité ne mène généralement pas à la fortune, et celle qui aurait pu amasser la richesse alla finir très péniblement sa vie dans une petite concession que le gouvernement eut la justice de lui donner.

Cette personnalité du Constantine français n'existe plus; un cercle superbe, mais ennuyeux, a remplacé le café d'autrefois, et pour ceux qui auront connu le bon vieux temps, il y aura toujours un charme de moins dans la vie, un regret de plus au cœur.

Mme Charles eut un fils qui avait certainement du sang militaire dans les veines. Il épousa une jolie fille dont la jeunesse avait été un peu folle. L'un et l'autre connurent le côté brillant de la vie; et puis, un jour, il fallut quitter tout ce bien-être et travailler pour son compte, ils avaient du courage et ont pu réussir.

Louise fut ma propriétaire à Constantine; à ce titre, je lui dois un souvenir.

Elle était de la race de ces femmes prévoyantes qu'il est rare de rencontrer. J'ai connu bien des cigales, mais peu de fourmis; elle était de cette dernière race.

Spendidement belle, et surtout intelligente, elle avait obtenu dès son entrée dans le monde où l'on s'amuse, un succès mérité. Son cœur était à tout le monde, son amour à personne. Elle fit naître des passions, de terribles mêmes, et au milieu du désespoir de ses adorateurs, elle traversa la vie avec une désinvolture et une insouciance adorables.

Louise fit donc des malheureux, mais elle eut le talent peu commun de laisser tomber dans le cœur de ceux dont elle avait gaspillé la fortune et désespéré la jeunesse, un souvenir charmant et ineffaçable. Elle était bonne avant tout, toujours disposée à rendre service et comprenant fort bien qu'un sous-lieutenant ne pût payer son loyer à jour fixe.

Sa maison était agréable et meublée avec un raffinement qui dénotait la délicatesse de ses goûts. Son appartement particulier était tout oriental, elle y recevait volontiers, toujours vêtue d'un nuage de tulle qui faisait puissamment ressortir sa belle carnation de brune et le noir bleuté de ses cheveux. Louise avait des habitudes et des goûts de mauresque, et, avec cela, la grâce infinie de la Parisienne.

Ce type étrange de femme arrivant à se créer une personnalité n'est pas rare en Algérie ; j'en ai rencontré bien d'autres au cours de mes promenades à travers la province et à Alger. Dans un pays neuf et presque exclusivement militaire, on doit voir éclore des êtres de cette nature. Ces femmes-là sortent d'une giberne et non de la loge d'une concierge, et, c'est pour ce motif, qu'elles sont devenues autre chose que des courtisanes vulgaires.

La diligence partit à 6 heures du soir pour Batna. Le ravin traversé, nous voici dans la solitude de la campagne. Les chevaux galopent sur la route poudreuse, la voiture est au complet; Français et Arabes sont installés dans l'intérieur et sous la bâche.

Sur l'impériale, un Maltais fredonne une chanson de son pays très triste et très mélodieuse; de la rotonde partent des éclats de voix et des rires bruyants, c'est un soldat du train qui raconte des aventures grivoises, et tout le monde de se tordre. L'intérieur est réservé aux Arabes; la douce chaleur de cette boîte, où ils sont enfermés, les engourdit, ils dorment tous. Le coupé emporte pour le moment un jeune couple voyageant pour son plaisir; la jeune femme est blonde et semble très parisienne; elle porte un costume de voyage sobre et élégant et, sous le tulle blanc de sa voilette, elle est tout à fait séduisante. Le compagnon de cette jolie femme est banal, sa tenue de voyage aussi prétentieuse que grotesque, sa parole et ses gestes dénotent un homme vulgaire.

Cette appréciation peut paraître un peu vivement

portée, et il est permis de m'objecter que dans les circonstances présentes, le compagnon d'une aussi charmante femme, fût-ce son mari, devait passer à mes yeux pour un imbécile, s'il n'était un tyran ; je puis répondre à ceci que mon jugement était exact, l'avenir me l'apprit.

Le mariage est une institution sublime, la religion vient la sanctionner par ses conseils sages et sérieux, et fait de l'union qu'elle bénit un tableau délicieusement poétique qui laisse au cœur un doux souvenir. Il y a dans la célébration du mariage un moment qui est bien fait pour impressionner l'âme, c'est celui, où devant l'autel paré de fleurs et dans les parfums suaves de l'encens, le prêtre vous donne l'anneau de la fiancée pour que vous en pariez son doigt. A cette minute décisive de la vie, ne se sent-on pas meilleur et a-t-on d'autre désir que celui de passer son existence aux pieds de l'épouse ? Les burlesques cérémonies de la loi, qui vous lance à la face les articles arides du Code sont terminées, et vous voilà, naviguant à pleines voiles dans la vie conjugale. Mais il est déjà trop tard, au début même de cette traversée, si douce et si calme, et parfois si orageuse, pour passer son examen de conscience et se demander si, oui ou non, on a agi en honnête homme. Oui certes, il est pénible d'être obligé de se poser une pareille question, mais elle est nécessaire, car enfin serez-vous seul, dans l'avenir, à regretter une union mal assortie, et, par le fait de vos calculs indignes, ne créez-vous pas dans vos enfants des êtres presque certainement destinés à une vie malheureuse !

Le monde est aveugle en ce qui concerne les questions du cœur; il enlève à la jeune fille le droit d'avoir son idéal, il lui défend d'aimer publiquement, il exige, qu'en présence des considérations de fortune et de famille, elle étouffe ce sentiment si pur qui est né avec le monde, et qui mourra avec lui. Puis, après lui avoir défendu de se plaindre, il jette sa victime en riant et en la couvrant de fleurs, dans les tristesses d'une vie qui n'avait jamais été entrevue, dans les angoisses de l'écœurement et, quelquefois, de la honte.

Mariages de raison ! voilà votre œuvre ! au lieu de chercher l'âme sympathique qui doit se fondre dans celle de votre enfant, vous avez couru après le grand nom qui doit ouvrir des portes dorées à votre vanité, après des millions qui dessèchent le cœur. Un jour, votre fille constatera qu'elle n'a plus de famille, qu'elle a été trompée; et si elle fait un faux pas, au cours de sa vie désespérante, pourrez-vous le lui reprocher ?

Le monde est coupable, car il envisage cette question capitale de l'union de deux existences avec une légèreté, je dirai même un cynisme étonnant. Il ne voit dans la vie que le côté extérieur, ce qui tient au côté moral lui échappe volontairement. Et, si dans les unions de hasard il s'en trouve parfois de bonnes, c'est que la perfection absolue de deux êtres qui ne se connaissaient pas, l'a voulu ainsi.

La diligence roula toute la nuit, au soleil levant nous arrivions au dernier relais. Le froid était piquant, la campagne toute blanche de gelée ; on ne voyait rien à travers les vitres brouillées du coupé, les joyeux compagnons de la rotonde ronflaient à qui mieux mieux. Quant à nous, officier de l'armée d'Afrique que l'aurore trouvait toujours debout, cette heure matinale nous était familière.

Au moment du départ, une des glaces du coupé s'entr'ouvrit et la jolie tête de la touriste apparut. Le tyran dormait d'un sommeil épais, et la pauvre jeune femme n'osant réveiller son mari, mourant de faim et de fatigue, cherchait sur la route un être complaisant qui pût la tirer d'embarras. J'eus le temps de prendre un grand bol de lait teinté d'un peu de café, et payant contenant et contenu, je passai le tout à la belle voyageuse qui me remercia du sourire le plus gracieux.

Nous approchions de Batna ; dans la lumière du matin, nous pouvions distinguer déjà les forêts de cèdres qui couronnent les belles montagnes des environs; la campagne bien cultivée annonçait le voisinage de la civilisation laborieuse. Au détour de la route, nous voici devant les murs crénelés de la ville. Le postillon fait claquer sa longue chambrière, met ses chevaux au galop, et deux minutes plus tard la diligence s'arrêtait devant l'hôtel d'Orient.

Me voici donc arrivé, avec de nouvelles connaissances à faire, sous les ordres directs des grands chefs du régiment. Ma première pensée fut pour Bou-Hadjar ; cette bonne vie tranquille était donc finie, il fallait désormais revêtir l'uniforme et traîner le sabre, se casser la voix sur le terrain de manœuvre, en un mot reprendre la vie de garnison. Si je n'avais entrevu tout d'abord cette jolie petite ville dans un rayon de soleil, si je n'avais été égayé par ses horizons si pittoresques, j'en serais arrivé, je crois, à pleurer de dépit.

Je me rendis avec mon bagage à l'hôtel de Paris, j'endossai mon plus beau vêtement militaire, j'enfermai mes mains dans des gants blancs achetés pour la circonstance, et m'en allai au quartier des spahis.

La famille militaire existait à Batna comme à Bou-Hadjar, à part quelques exceptions, bien entendu ; au bout de la première semaine, mes sympathies étaient accordées au petit nombre, et mon indifférence aux autres.

Au premier coup d'œil jeté sur l'ensemble des officiers, je ne rencontrai guère que des hommes très ordinaires, vieux troupiers d'Afrique, bourrés de préjugés et d'idées bizarres. Presque tous avaient des habitudes et une manière de vivre peu en rapport avec l'état de choses admis en France. Beaucoup de ménages, mais pas un de régulier, le sentiment délicat qui, d'habitude, fait éclore ces sortes d'union n'est rien pour ces gens-là; la femme sera destinée à meubler leur existence vide, et trouver une cuisinière, une blanchisseuse, une machine qui sache bien épousseter, tel est le rêve de ces messieurs. C'est généralement après avoir usé et abusé de tout que ces diables-là se font ermites. Cependant les déboires de leur vie interlope rendent ces ermites difficiles à vivre; par le fait même de leur situation, les relations avec la société régulière sont tellement délicates qu'ils se privent de frayer avec elle, tout en ne se privant point de l'accabler de leur mépris.

Certes nous ne devons pas plaindre outre mesure ces infortunés, pas plus que nous ne devons en rire, car il en est dans le nombre qui sont vraiment malheureux; mais ne nous est-il pas permis de dire qu'il y aurait un moyen de supprimer ou tout au moins d'atténuer cet état de choses.

Un de ces dévoyés se plaignait au jour du baptême de son septième enfant de sa position précaire. « Que vais-je devenir, disait-il, avec une si nombreuse famille et mes seuls appointements pour vivre ? » Il lui fut répondu qu'il l'avait voulu ainsi et qu'il n'avait aucun droit à la compassion générale.

Notre homme se froissa de la réponse ; s'il avait été juste il aurait dû conclure : « C'est vrai. »

On pourrait croire que les femmes qui charment la vie de ces officiers sont jolies : il y aurait peut-être là une excuse en leur faveur, le cœur est si ardent quand on est jeune, le climat si énervant, et surtout, la solitude si complète dans ce monde de colons qu'il faut éviter ; mais il n'en est rien. Un de mes camarades, qui vivait de cette manière, cachait sa compagne à tous les yeux ; un jour, j'eus l'honneur ou plutôt la bonne fortune de lui être présenté. Elle était si affreusement laide que je restai plongé dans un étonnement qui trahit mon impression. Alors, il dénoua la lourde chevelure brune de cette pauvre fille pour m'obliger à m'extasier sur sa magnificence. Cet avantage ne me sembla pas suffisant pour expliquer le faux ménage.

Jean Pillut est gérant de notre cercle, il a, je crois, un peu de juif dans son origine. C'est toutefois un brave homme, complaisant et honnête dans son commerce.

Le cercle est situé au centre de la ville, sur la rue la plus large et la plus fréquentée ; l'on y joue et l'on y boit à des heures régulières. Spahis, fantassins, officiers d'administration, docteurs, etc., chaque corps a sa place. Inutile d'ajouter que le tapage est grand dans cette réunion militaire et que les conversations n'y sont pas toujours de bon goût. Les jours de pluie, les salles sont bondées du matin au soir, mais dès que le soleil brille, ce qui arrive heureusement le plus souvent, chacun prend sa volée dans les environs de Batna, et Jean Pillut n'a plus qu'un certain nombre de clients ; ici, comme partout ailleurs, il y a la race des bureaucrates, que le grand air épouvante, qui préfèrent le rond de cuir à la selle du cheval et la plume au fusil. C'est assez dire que notre gérant a ses préférés et qu'il considère les officiers actifs comme des accessoires dans son établissement.

Batna est une ville neuve, ses rues sont larges et se coupent toutes à angle droit. Elle est protégée par une ceinture de murailles contre les entreprises des Arabes. A l'est, s'étend le camp qui renferme les bâtiments militaires, l'hôpital et la maison du commandement. Cette partie de la ville est plus agréable que l'autre, de grands arbres donnent en été de la fraîcheur et de l'ombre.

Il y a peu d'animation dans Batna, et ce n'est qu'à certaines heures du soir que la rue se peuple ; malgré cela, l'aspect en est si riant que l'on se passe volontiers de la vue des colons.

Dans le sud et dans l'ouest, les grandes montagnes profilent leurs cimes irrégulières sur un ciel toujours bleu, et au centre de ce massif, le pic de Teggour se dresse majestueusement. A l'est, les hauteurs de l'Ohrès se perdent dans le lointain ; toutes ces montagnes sont couvertes de forêts superbes.

Il y a des sites charmants dans les environs de Batna. Voici le ravin bleu si pittoresque et si sauvage avec son chaos de roches éboulées, c'est la route, ou plutôt le sentier du col le plus fréquenté. Plus loin voici Lambessa et sa ville romaine, par ici, les prairies verdoyantes qui bordent la route de Biskra. Allez-vous vers le nord, le paysage devient plus sévère, puis, vous retrouverez la culture et la campagne françaises, vous pouvez vous promener dans l'or des blés et cueillir des bluets et des coquelicots, tout comme en Normandie.

J'avais trouvé pour un prix modéré une petite maison bien suffisante pour mes goûts simples. Je possédais un salon et une chambre à coucher, meublés, à la vérité, d'une façon détestable; mon cheval se prélassait dans une écurie convenable, et mon spahi couchait dans une cuisine. J'aurais pu vivre là très tranquille si je n'avais eu la manie du changement et surtout si je n'avais été sollicité par un de mes amis.

Un matin, C... me demanda si je voulais habiter avec lui ; il avait déniché le rêve des maisons, mais vu les dimensions de ce local, il ne pouvait le prendre seul. J'acceptai et le déménagement s'effectua dans la même semaine.

Nous étions grandement logés. Cependant, en dehors de notre couchette, nous n'avions pas un meuble, pas une tenture.

Tout alla bien pendant quelques jours, mais mon pauvre ami avait une existence nocturne si troublée que je dus l'abandonner au bout d'un mois de cohabitation.

C... est mort, je l'ai pleuré.

Il avait tant abusé de la vie que ni le corps ni l'intelligence n'avaient pu résister. Cette nature douce et parfaite n'avait ni volonté ni énergie.

C... fut orphelin de bonne heure; son éducation et son instruction se ressentaient de cette abandon. La carrière des armes s'était présentée, il s'y était jeté à corps perdu.

Son avancement fut lent, et il prit au contact des sous-officiers grossiers avec lesquels il fut obligé de vivre, des habitudes et des goûts qui n'étaient pas ceux de sa position.

Il passa une partie de sa vie en Afrique, passionné pour le cheval et le beau sexe, il trouvait dans ce pays les éléments qui lui convenaient; je l'ai sermonné bien des fois, j'ai usé de toute l'influence que donne l'amitié et que celle qui nous unissait mettait en mon pouvoir, mais je n'ai jamais pu obtenir, de ce caractère doucement opiniâtre, la moindre concession.

Je changeai donc de logement une seconde fois. Mais peu après, je revenais habiter avec C... une petite maison très agréable, et j'ai dû, avec patience, le supporter pendant de longs mois.

Les événements nous ont séparés depuis, et, si dans une certaine mesure, j'ai pu être utile à cet ami, je ne regretterai jamais les heures d'ennuis qu'il m'a si souvent procurées.

Un beau jour, sans motif apparent, Batna devint mondain : qui avait attaché ce grelot, je ne l'ai jamais su, et je crois que les jeunes filles à marier amenèrent tout cela.

Je n'aime pas le monde, je dirai même que j'éprouve pour lui un profond mépris et une antipathie raisonnée. D'ailleurs, ce goût n'a jamais été développé chez moi ; au sortir du collège, j'entrai au régiment, et ce n'est pas là qu'il me fût donné de devenir mondain.

Le monde est mauvais, à ce titre je le déteste ; il est faux, pour ce motif je le méprise. J'ai toujours trouvé odieuse l'obligation de faire bonne figure à des personnes qu'on ne peut souffrir ; émettre une appréciation ou une idée dont vous ne pensez pas un mot, et qu'il faut rendre mensongère pour la faire accepter, m'a toujours paru une monstruosité.

Il faut savoir faire cela cependant pour être

goûté et apprécié dans les salons. Que de fois n'ai-je pas entendu la même personne dire tout le mal imaginable de monsieur X. chez Z. et en dire tout le bien possible chez Y, et pourtant, celui qui avait un jugement si souple et qui mentait avec tant d'aplomb, était un de ces préférés dont on avait tout dit en déclarant que c'était un charmant cavalier et le modèle de toutes les vertus.

Dans les relations du monde, la chose importante est la conversation; en visite, on parle, pendant un dîner on parle encore, au bal, on parle toujours. Parler des heures entières pour ne rien dire est un don que tous ne possèdent pas; il peut s'acquérir par l'habitude, mais en réalité celui qui en est doué ne devient pas plus intelligent pour cela, et s'il veut bien songer à tout ce qu'il a dit dans une journée ou dans une soirée, il se rendra compte qu'il a perdu son temps dans un verbiage inutile, ou, tout au moins, banal.

Sous ce titre : Etude sur la conversation dans le monde, il serait possible de faire un livre très intéressant, amusant même : Suivant qu'elles s'adressent à la jeune fille, à la jeune femme ou à la femme âgée, les conversations ont un caractère différent, passant par la naïveté, la méchanceté et l'indifférence. Les unes sont banales, les autres drôles ou assommantes.

Je prétends qu'en dehors des conversations de

l'intimité qui sont toujours charmantes et agréables, on ne saurait rien dire aux personnes que les simples relations du hasard mettent en votre présence, et si le défilé pittoresque d'un bal peut charmer un instant la vue, je prétends encore que ce moment de curiosité trouve bien sa punition dans les longues heures qu'il vous faut passer debout, dans l'embrasure d'une fenêtre, à vous décrocher la mâchoire en bâillant.

Cette conversation avec une jeune fille que je ne connaissais pas me revient en tête.

Aux premiers accords d'un quadrille : « Charmante soirée, n'est-ce pas, Mademoiselle?

« Oui, Monsieur. »

Ici une pause : après quelques secondes de silence :

« Avez-vous beaucoup dansé cet hiver?

« Oui, Monsieur. »

Après la première figure du quadrille :

« Madame X... a une bien jolie toilette.

« Oui, Monsieur.

« Elles sont rares du reste. »

Je venais tout naïvement de dire une bêtise. La jeune fille prend sa part de l'observation et rougit légèrement. Il faut en arriver à dire des niaiseries :

« Il commence à faire chaud dans le salon?

« Oh! oui, Monsieur.

« Aimez-vous le bleu, Mademoiselle ?

« Mais oui. Monsieur,

« Quelle nuance préférez-vous ?

« Oh ! ça m'est égal. »

Le quadrille touche à sa fin, il faut encore faire un effort d'imagination ; on éprouve cependant le besoin de répondre à son tour : « Oui, Mademoiselle :

« Avez-vous entendu parler du mariage de mademoiselle A... ?

« Non, Monsieur.

« On prétend que son fiancé à une belle situation dans les ambassades ?

« Ah ! »

L'intéressante conversation est terminée, l'on reconduit la jeune fille près de sa mère qui vous lance un coup d'œil féroce, et, complètement abruti, on se mêle de nouveau à la foule des habits noirs pour continuer à bâiller.

Ce dialogue est vrai en tous points ; avec la jeune fille, vous ne pouvez causer des situations romanesques ou triviales du théâtre ; comme elle ne doit lire qu'une littérature que vous ne pratiquez pas, de ce côté-là encore vous serez muet ; les beaux-arts ne peuvent s'apprécier que dans un âge un peu mur, n'en parlons donc plus ; quant aux sciences, leur aridité ne convient pas à ces jolis êtres qui ont de la poésie plein l'imagination et le cœur. Vous n'avez pas le droit d'émettre devant elles vos appréciations sur les choses de la vie, c'est un sujet trop épineux, l'ignorance en cette matière est l'apanage de l'adolescence, cet âge des rêves et des chimères que les soucis feront bien assez vite oublier.

Ce serait un trop beau sujet à développer que celui des conversations que l'on peut avoir avec la jeune femme; il est trop séduisant pour être traité en quelques pages et trop intéressant pour être écourté. J'abandonne donc avec regrets ce développement, qui prête tant à dire, pour parler du bal mémorable qui eut lieu au cercle militaire de Batna.

Ma manière de voir sur le monde, ne saurait s'appliquer à celui que nous avions convié.

Tout ce qu'il y avait de moins avouable dans la ville fut invité; couturières, coiffeurs, quincaillères, charcutières, pharmaciens, etc., etc.; et, avec le groupe administratif formé par les fonctionnaires, il fut lancé plus de trois cents invitations.

Dans le monde militaire de cette époque, et surtout dans l'armée d'Afrique plus faite pour la guerre que pour le bal, il y avait bon nombre d'officiers ignorant les premiers principes de la danse; ils savaient manier un sabre et ne savaient pas valser. S'il est bon de connaître l'un et l'autre, il est préférable de connaître mieux l'un que l'autre. Il fallut donc de toute nécessité et pour faire face aux devoirs imposés par le bal, étudier quelques pas chorégraphiques. La réunion se tenait chez un de nos camarades.

G... était un ignorant des choses de la danse ; gros garçon, breton d'origine, épais de corps et d'esprit, plus fait pour conduire une charrue qu'un cotillon ; il fut un des élèves les plus enragés de cette nouvelle acamédie. Il y avait chez ce paysan mal dégrossi une bonne volonté étonnante et un véritable désir de s'instruire en cet art, mais il était si gauche, si grotesque, si maladroit et si prétentieux, qu'il donna à ces séances un caractère des plus gais.

Le soir attendu de toute la ville arriva ; et vers neuf heures les invités firent leur entrée.

Le défilé était absolument comique ; les habits noirs présentaient une coupe de l'autre siècle et avaient une fraîcheur douteuse ; les toilettes des dames n'étaient pas du goût parisien. Dans la foule cependant, il y avait de jolis types à remarquer, et elles étaient réellement belles, malgré leurs toilettes ridicules, toutes ces filles qui avaient dans leurs yeux et dans leurs chevelures splendides les reflets du soleil radieux d'Algérie.

La musique du bataillon d'Afrique faisait rage, et dans la salle, les groupes tournoyaient au milieu d'une poussière rousse qui s'envolait du plancher.

Pendant la première partie de la fête tout alla bien. Vers minuit, la société de bon ton disparut, et, à partir de cette heure, les danses prirent un caractère plus échevelé. A quatre heures du matin, notre pauvre cercle était devenu une succursale de la grande chaumière ; les femmes des colons avaient mis de côté toute retenue, et dans les pas très caractéristiques du quadrille, il n'y en eut pas une qui ne fit voir à son cavalier la couleur de ses jarretières.

Quand le soleil vint éteindre les lumières, tout le monde se dispersa. Ce jour-là, la ville fut calme et silencieuse comme une nécropole, les boutiques restèrent fermées. Batna fatigué dormit pendant vingt-quatre heures.

A la suite de ce bal, il y eut quelques soirées particulières, peu intéressantes je dois le dire. Dans ces réunions, beaucoup d'embarras et peu de gaieté ; les fonctionnaires qui les offrirent n'avaient ni la fortune nécessaire pour recevoir, ni l'éducation obligée qui impose la bonne tenue.

Faut-il l'avouer ? Ce fut l'occasion d'intrigues de mauvais goût dont on pourrait faire un plaisant et joyeux récit, mais ces histoires sont trop lestes pour être contées dans ces pages.

Il y avait à Lambessa une famille charmante, dont le chef, M. N..., avait un emploi d'inspecteur au pénitencier.

N... était d'excellente race ; après avoir perdu toute sa fortune, il fut obligé de faire vivre sa famille. Il vint en Algérie où les appointements sont élevés, la vie facile, où surtout on peut fuir une société qui vous reçoit dans la prospérité et n'admet plus une situation modeste.

Laure, la fille aînée de N... était une jolie jeune fille ; l'air vivifiant des montagnes de l'Ohrès avait mis du carmin sur ses joues, et ses robes de toile claire emprisonnaient la plus belle taille qui se puisse imaginer. Si elle n'avait dû s'occuper de bien des détails intimes du ménage, elle aurait eu des mains de princesse, mais il n'en était rien, et la pauvre enfant mettait toute sa coquetterie à les dissimuler.

Laure m'intéressait ; souvent elle était prise de

profonds accès de tristesse. Cette âme délicate sentait qu'elle était destinée à une vie odieusement bourgeoise, cette pensée-là l'effrayait.

Laure N... fut pour moi une amie pendant mon séjour à Batna ; je trouvais dans sa conversation un passe-temps délicieux, et ce caractère romanesque dans l'intimité et si renfermé en toute autre occasion m'avait positivement séduit.

Un jour, il fut décidé que nous ferions un petit voyage dans la montagne ; la caravane composée de six personnes partit de Batna dès l'aurore. J'avais choisi pour Laure un cheval doux et sûr, il fallait une monture de cette sorte à une écuyère aussi inexpérimentée.

Elle était charmante, mon amie, dans son costume d'amazone qu'elle avait fait elle-même pour la circonstance ; la jeune fille joyeuse et folle revenait, et pendant deux jours je ne la reconnus plus.

Le grand air de la montagne la grisait ; elle ressemblait à une petite bacchante avec ses yeux noirs, ses joues rouges et ses cheveux en désordre. Puis ce furent des galopades dans la prairie, des rires joyeux et des aventures étonnantes.

Les destinées de la vie militaire m'arrachèrent brusquement à cette amitié, et maintenant il ne me reste plus de celle qui me fit passer de si bonnes heures que le désir de la savoir heureuse en quelque coin de cette terre d'Afrique qu'elle a bien un peu contribué à me faire aimer.

En général, mon existence à Batna fut très maussade. La chasse occupait encore mes loisirs, mais que nous étions loin de nos grandes prouesses de la Smalah ! Il nous arrivait de rentrer le carnier vide, puis, nous frôlions le colon à chaque pas, ce qui m'était désagréable. J'avais tenu tout ce monde à l'écart et m'étais rapproché de l'élément arabe; mais le bédouin était trop près de la civilisation, ses allures s'en ressentaient et je dus abandonner aussi cette fréquentation.

Je sentis un jour l'ennui me prendre à la gorge, mes camarades ne me plaisaient pas. C. lui-même, tout entier à ses chevaux et à ses amours, m'horripilait tout comme les autres. Il fallait aussi monter des semaines, passer de longues heures au quartier, apprendre de la théorie; je n'étais plus fait à ce genre d'existence et je me mis encore une fois à regretter Bou Hadjar.

Je reçus un soir l'ordre de partir pour Sétif le lendemain.

J'appris cette nouvelle avec joie, et quand je sus que ma mission devait durer deux mois environ, je ne pus retenir l'explosion de mon contentement.

Cette démonstration en présence de mes camarades faillit me coûter cher ; l'un deux réclama son tour de service, et j'eus bien du mal à lui faire comprendre que sa réclamation n'était pas fondée.

A midi, le lendemain, je chevauchais avec mes spahis dans la direction de Sétif. Ayant le choix de mon itinéraire, j'avais pris le chemin des écoliers à travers bois et plaines.

Notre première étape fut agréable, je m'arrêtai au bord d'une rivière. Quelle belle soirée et combien les prairies semées de fleurs sentaient bon. Le soleil couchant donnait à tout le paysage des tons d'or; de grands nuages couronnaient les montagnes et un vent léger du nord apportait les bruits du lointain.

Je rêvassais en regardant les spirales blanches de la fumée de ma cigarette, j'étais encore mon maître pour cette fois, et naturellemeut je faisais des projets pour la route; je voulais la rendre aussi longue que possible et avais l'intention de camper là où bon me semblerait. Puis au cours de mon voyage, si je rencontrais un de ces sites délicieux où l'Algérie se révèle tout entière, j'y demeurerais si cela me convenait.

Je rentrai dans ma tente, sous l'impression très agréable de cet avenir, et m'endormis du sommeil le plus profond.

A la pointe du jour, quand mon spahi vint déboucler la porte de ma maison je sentis une humidité glaciale qui me pénétra jusqu'aux os. Adieu les beaux projets, la pluie opiniâtre était arrivée et il fallait voyager avec elle. Je ne songeai plus dès lors qu'à gagner Sétif le plus rapidement possible; et dans le brouillard gris qui voilait la campagne, je partis de l'allure la plus vive cherchant un abri contre ces brumes terribles de la plaine inondée.

Ce jour-là, transi de froid et accablé de fatigue, j'arrivai à la nuit tombante au bord d'un vaste lac; j'avisai quelques ruines romaines au centre desquelles je me fis une sorte d'installation ; un vieux mur m'abrita quelque peu du vent, et après le plus piteux des repas, je rentrai sous la tente au bruit de la rafale.

Qu'il faut donc peu de chose pour changer subitement et bouleverser notre pauvre nature humaine ! Hier, j'étais joyeux parce que l'air était tiède et le ciel splendide ; aujourd'hui, je suis morose parce qu'il pleut et que le ciel est gris. Hier j'avais des idées roses, aujourd'hui elles sont noires. Mais voici le sommeil, cette chose si bonne de la vie qui procure l'oubli et le repos, qui apporte les consolations et les rêves.

A six heures du matin, nous avions l'eau sur la tête et l'eau sous nos pieds, car il pleuvait toujours et nous traversions le lac dans toute sa largeur. Le fond en était ferme et d'un niveau constant. Sous un rayon de soleil, cette route d'un nouveau genre eût été très agréable, mais dans les circonstances présentes elle manquait totalement d'à-propos. L'étape fut longue, très longue même ; dans cette région les terres ne sont pas cultivées, c'est la nature seule qui fait les frais de cette belle végétation et, certes, la main de l'homme n'arrive pas à une harmonie aussi complète, si dans l'avenir, le colon vient flétrir cet Eden, je désirerais n'y plus revenir et rester sous le charme de ce paysage primitif.

Le caïd Ben R. m'offrit une hospitalité complète, mais malgré la pluie mon poste étant au milieu de mes spahis, il me fallut renoncer au lit moelleux dans une chambre bien close. J'acceptai cependant le dîner qu'il m'envoya ; mes hommes ne furent pas oubliés, et malgré les tristesses d'une soirée sombre et pluvieuse, la certitude d'arriver le lendemain à Sétif, et la satisfaction que procure l'estomac repu, mirent un peu de gaîté dans mon camp.

Nous sommes installés sur une argile rouge qui s'attache à nos vêtements et ne nous avantage pas. Le lendemain, je donnai des ordres pour que la tenue redevint aussi correcte que possible ; je ne pus obtenir un résultat satisfaisant, mais, grâce au très vilain temps, notre arrivée ne fut pas autrement observée.

C'est une satisfaction, et presque une jouissance, que d'être étendu dans un bon lit quand le vent et la pluie mènent grand tapage au dehors. J'étais dans ces conditions excellentes le soir de mon arrivée à Sétif. Ne connaissant encore personne, j'avais dès huit heures du soir cherché ce qui m'avait manqué les nuits précédentes, c'est-à-dire la chaleur et le repos.

Voilà huit jours que je suis ici et c'est aujourd'hui seulement que j'apprends quel doit être mon sort. Le mauvais temps a effrayé le gouverneur que je dois escorter et il attend, dans son palais d'Alger, que le soleil veuille lui prêter son concours. D'ailleurs, ce n'est pas avant quinze jours qu'il doit se mettre en route, c'est donc pour moi un séjour d'un mois assuré à Sétif. C'est bien long, je comptais partir plus tôt pour la Kabylie ; mais il faut en prendre son parti bon gré mal gré.

Je ne savais trop que devenir dans cette petite ville où je ne connaissais personne ; je m'étais bien lié avec quelques vieux militaires, mais ce n'était pas là une grande source de distractions, leur conversation était des moins intéressantes.

J'arrivais juste entre le départ et l'arrivée des hussards qui tiennent la garnison de Sétif ; cet appoint manquait, et avait supprimé cette gaieté tapageuse que font naître la sonnerie des trompettes, et le défilé des escadrons. Le cercle était désert ; le temps toujours affreux ne nous permettait même pas une promenade aux environs. Ne sachant que faire, je me mis à chercher un logement pour y passer mon mois de séjour.

En parcourant une petite rue le long des remparts, je vis une maison de belle apparence avec des écriteaux à toutes les fenêtres. Je sonnai, une juive vint m'ouvrir et me dit que madame était là et que je pouvais lui parler.

Tout en gravissant l'escalier, je songeais à la vieille édentée qui allait me recevoir et je me promettais bien de débattre ses prix.

Je fus introduit dans une petite salle à manger très coquette, et de là, dans un boudoir meublé d'une façon gracieuse et bizarre. Au bout de quelques secondes, la propriétaire de cet immeuble entra, et m'éblouit. J'avais devant moi la plus délicieuse et la plus séduisante des femmes, son costume original et élégant consistait en une robe blanche très collante qui dessinait des formes d'une grande distinction. Ses cheveux blonds encadraient un visage d'un galbe exquis, et ses yeux noirs avaient une expression de dureté qui commandait une respectueuse réserve. Elle avait pris pour la circonstance son regard de propriétaire ; ces mêmes yeux sous l'influence de la griserie du champagne et des propos d'amour, devenaient humides et d'une douceur étonnante.

Elle me tendit la main : « Soyez le bienvenu, me dit-elle, si vous venez pour habiter chez moi, choisissez, tout est à prendre. »

J'avoue que je fus interloqué, je n'osai parler chiffre à cette belle fille et je m'installai le soir même sans connaître le prix de mon appartement.

Pauline avait une histoire banale, fille d'un vieux militaire, elle quitta la maison paternelle dès que l'occasion s'en présenta. Très intelligente, elle sut modifier en peu de temps son éducation ; Alger la compléta, et au contact des amants élégants qu'elle séduisit, elle devint patricienne.

Son calcul était fait d'avance. Mettant de côté toutes les niaiseries romanesques qui n'enrichissent pas, elle chercha avant tout la mine d'or et ne fut pas longue à la découvrir. Quelques années plus tard, elle revint au pays, acheta deux maisons de rapport, si bien qu'avant trente ans, dans tout le rayonnement de sa beauté, Pauline était propriétaire, disposant toujours de son cœur, mais se réservant, après fortune faite, le droit de le laisser parler.

Peut-on mépriser cette pauvre fille et s'éloigner d'elle avec dégoût ; non certes, et si la source de sa fortune n'est pas très pure, elle ne doit point, pour cela, être mise hors la loi par la société, si sévère pour les autres et souvent si aveugle pour elle-même. Il faut des femmes de cette catégorie, elles sont un élément indispensable de la vie, dans une certaine mesure ; le maréchal de Saxe s'est fait au contact d'Adrienne Lecouvreur ; et s'il est bon de s'indigner contre les prêtresses patentées du vice, il ne faut pas comprendre dans cette réprobation celles qui ont su conserver, au cours d'une existence folle, des sentiments délicats et un bon cœur.

Pauline était de celles près desquelles il n'y a rien à perdre, s'il n'y a rien à gagner. Dans cette Algérie, où la femme n'existe pas, elle était une exception : elle plaisait, parce qu'elle était bonne, parce qu'elle avait dans l'âme toutes les délicatesses que l'on recherche chez la femme, et aussi, avouons-le, parce qu'elle en avait toutes les grâces et tous les attraits.

Si elle fut adorée, elle aima aussi, elle ne fit jamais part de ses affections, et sut les garder pour elle ; et si une phrase malheureuse ou une allusion indiscrète amenait la rougeur sur son front, ses terribles yeux noirs savaient vous dire que, même dans la vie d'une femme galante, il est des situations qu'il faut respecter.

En pensant à Pauline, nos demi-mondaines de Paris me revienne en mémoire. La presse n'a pas assez d'encens pour elles ; la moindre actrice, pourvu qu'elle soit jolie, deviendra avec le fausset le plus aigre et le talent le moins reconnu une femme à la mode. Elle mangera des millions et on la courtisera encore ; les salons les plus brillants la feront venir pour émoustiller ce public idiot qui se pâmera plutôt devant les mollets d'une danseuse que devant un tableau de Raphaël. Et puis, ce sera dans ce monde aveugle et imbécile des adulations et des bassesses sans nom, pour arriver à conquérir un sourire de l'idole.

Pourquoi établir cette promiscuité ; ces demi-mondaines de Paris sont détestables, parce qu'elles ont été formées par un monde détestable ; elles n'on jamais connu que le pâle noceur du boulevard fatigué par les veilles et les excès, étalant sa satiété et ses modes grotesques dans le luxe des boudoirs payés par tout le monde. Tout naturellement, celles qui n'ont vécu que dans ce milieu abâtardi ne sauraient devenir des femmes.

Il n'en est pas ainsi pour nos filles d'Algérie ; celles-là se sont formées au contact du monde militaire, élément toujours jeune, toujours chevaleresque, toujours fort ; mangeant une fortune entre deux expéditions. Elles ont été nourries de récits héroïques, ont déchiré leurs dentelles aux éperons des cavaliers et souvent bouclé le ceinturon de leurs amants au départ des colonnes ;

cette éducation ne saurait avoir de mauvais résultats.

Pauline aimait l'épaulette, le sabre et méprisait l'habit noir et le parapluie ; la vue d'un beau cavalier la faisait tressaillir d'aise, celle d'un sous-préfet ou d'un freluquet lui faisait hausser les épaules. Elle savait l'histoire militaire de la province et se passionnait au récit des grandes expéditions.

Je dois un souvenir à cette bonne fille, elle a rendu mon séjour à Sétif agréable, et, si elle m'a fait payer très cher mon installation, j'eus du moins la satisfaction d'avoir été très bien logé et je constate, malgré tout, qu'elle aurait pu être beaucoup plus exigeante.

Je me liai avec C.. interprète militaire, tunisien d'origine et français de cœur. C'était un excellent camarade, qui avait connu toutes les tristesses de la vie et en avait conservé une mélancolie profonde. Le printemps était revenu, la campagne était délicieuse, et dans nos promenades interminables nous cherchions à reconstituer l'archéologie romaine des environs. Nos galopades aboutissaient souvent au même point, c'était un tumulus entouré de débris je ne sais pourquoi ce lieu nous attirait.

Un jour, par le plus grand des hasards, nous

vîmes un bout de mosaïque qui sortait de terre nous n'avions ni le temps ni les instruments nécessaires pour constater l'étendue de notre découverte, et ce fut un officier de remonte qui eut la patience de mettre au grand jour cette importante trouvaille.

Combien était imposante cette civilisation des Romains ! Ce grand peuple a fait de grandes choses sur la terre Africaine, et lorsque après avoir vécu dans ces restes d'un passé merveilleux on en vient à jeter les yeux sur nos pauvres villes aux monuments ébriqués, quand surtout l'on considère toute la faiblesse de notre organisation coloniale, quand on a constaté le peu de valeur du colon et l'énormité des sacrifices que doit s'imposer la Patrie, on est en droit de se demander si, depuis l'époque des Césars, le monde ne s'achemine à grands pas vers la décadence. Qu'auraient fait nos ancêtres et nos maîtres, dans cette belle terre d'Afrique s'ils avaient pu disposer des puissances presque surnaturelles que nous fournissent les inventions contemporaines.

Il faut se recueillir à cette pensée, et l'on n'ose songer à ce qu'auraient été, à cette époque, ces grandes villes dont nous rencontrons les puissants vestiges en parcourant l'Algérie.

Actuellement, ceux qui sont venus cultiver une terre qui devait les enrichir, sont de trop misérables gens pour pouvoir réussir. Dans ce pays radieux, la politique est la grande préoccupation, et tous ces êtres sans conscience et sans moralité n'ont pas su concevoir d'autre idée, que celle d'une émancipation qui les ferait possesseurs du sol.

Il serait temps de se rendre compte que nous avons dans cette vaste colonie une source de richesse considérable; que des plaines immenses attendent une culture intelligente, que des forêts d'une fertilité inouïe demandent des routes pour livrer leurs trésors; et il ne faut avoir que le bon sens le plus ordinaire, pour comprendre qu'avant d'aller dépenser cent millions pour inonder l'aridité du Sahara il serait préférable de récolter ce qui est déjà semé.

Notre gouvernement républicain, dirigé par des gens de la pire espèce, ne saurait concevoir cette grande idée. Il a ri au nez de ceux qui, avec une compétence autorisée, ont cherché à lui démontrer qu'une dépense de cinquante millions dans les forêts de l'Est assurait à la mère patrie un revenu immense et régulier. Et en réponse à des propositions si sages, les énergumènes qui sont appelés à gérer la fortune publique, ont conçu le projet plus que ridicule de construire un chemin de fer à travers les sables arides du désert. Ils ont osé envoyer une commission pour étudier ce projet extraordinaire ; et lorsque, après avoir bu tout le punch de la colonie, cette troupe d'imbéciles est revenue en France, la presse qui prétend tout connaître parce qu'elle doit parler sur tout, a eu la naïveté de prendre leurs rapports au sérieux.

C'est à celui qui a voyagé dans les solitudes du Sahara, qui en a constaté les horreurs, qui a souffert de la faim et de la soif, dont le visage a été déchiré par le simoun et les yeux perdus par l'ophtalmie, qu'il est permis d'apprécier cette pensée extravagante. Et lui seul a le droit de hausser les épaules et de dire à ces saltimbanques qui ont la prétention de vouloir le bien de la patrie : vous êtes des ignorants, ou des misérables.

Le colon déteste l'élément arabe ; cette antipathie ne se comprend pas, car l'indigène lui est nécessaire et indispensable. C'est lui qui peuple le sol, ce sont ses bras qui travaillent à bon compte, c'est lui qui entretient la terre et maintient l'industrie locale, lui encore qui vit là où les Français ne pourraient que mourir, qui produit et élève les chevaux, le bétail. C'est lui, toujours lui, qui, contre ses coreligionnaires révoltés, nous prête son concours et assure souvent le succès.

Si l'individu, chez ce peuple, est souvent méprisable, l'ensemble a du bon et vaut mieux que l'élément français et, il ne faut pas hésiter à l'affirmer, l'Arabe de l'avenir ne peut prendre de nous que nos vices, n'ayant pas autre chose sous les yeux; dans un temps rapproché la colonie finira dans la misère et la révolution.

Avec notre caractère léger, nous acceptons tous les gouvernements; c'est à peine si quelques hommes sérieux déplorent la situation passée quand une nouvelle se présente; ne voyons-nous pas dans notre ère troublée des preuves très sensibles de ce fait qui est un signe certain de profonde décadence. Tout ceci vient de notre manière fâcheuse de comprendre la vie; l'intérêt général a fait place à l'intérêt particulier; on se désintéresse des choses du pays pour ne s'occuper que des siennes. Après nous le déluge! Cette parole, sortie malheureusement de la bouche d'un roi qui sentait s'écrouler le vieil édifice, peut être actuellement notre devise.

L'Arabe, avec sa vie dure, sa misère, ne saurait avoir notre égoïsme; il vit dans un rêve perpétuel qui est tout pour lui et qui le console, il voudrait voir sa vaillante race redevenir grande comme à l'époque héroïque de l'hégire; il souffre, et c'est pour cela qu'il espère toujours.

Avec de pareils sentiments, et une foi si profonde dans un avenir qui ne peut cependant se réaliser, cette nation arabe sera longtemps encore une grande nation.

El Mokrani était un beau caractère, et à ce juif, qui effaça notre prestige en Algérie, il ne sut répondre qu'en attachant la croix de la Légion d'honneur à la queue de son cheval. C'était d'une grande fierté ! après les saturnales de 1871 et les infamies du gouvernement de la Défense nationale, les hommes de cette trempe, qui pendant toute leur vie n'ont eu d'autre souci que la grandeur de leur pays, ne devaient-ils pas nous considérer avec mépris et dégoût.

Pauline vient de recevoir une amie. Marie B. arrive d'Alger. C'est une Maltaise d'une beauté resplendissante : d'une nature ardente, un type étourdissant et insaisissable, d'un sans-gêne étonnant, n'ayant d'autres soucis que la satisfaction de ses caprices. Les adorateurs l'importent peu, et à travers les désordres de ce cœur, je n'ai jamais pu découvrir qu'un sentiment : c'était une grande commisération pour le malheureux qui avait brisé sa carrière et s'était ruiné en l'aimant.

Dès le soir de son arrivée, il y eut réception chez Pauline ; nous étions peu nombreux, tous militaires bien entendu. Quand la Maltaise entra, vêtue d'une robe noire très simple qui découvrait ses bras et sa gorge splendide, ce fut un éblouissement.

Un vieux lieutenant de la remonte, mettant de côté ses trente années de service et de privations, me dit à l'oreille : « Je comprends que C. se soit ruiné pour cette gaillarde-là. » Il disait peut-être vrai ce vieux soldat, et si son visage brûlé par le soleil avait dû séduire cette charmeuse, lui aussi aurait été broyé dans l'engrenage de ses caprices, où tant d'autres avaient passé.

Quand Marie eut quitté Sétif, ce bon D. me disait : « Voyez-vous, je suis heureux du départ de cette bougresse-là, et si jamais je suis envoyé à Alger je ne veux plus la voir que de loin ; quand je suis près d'elle je me grise, et, quand je suis gris, je ne me connais plus. »

Marie B. aimait un officier de zouaves qui était en ce moment en Kabylie. Ce pauvre C. était exilé. Ceux qui lui voulaient du bien l'avaient arraché aux caresses de sa maîtresse et lui avaient défendu de la revoir. Le capitaine de cet amant infortuné était un cerbère, d'autant plus dur, qu'il détestait les femmes pour ce bon motif qu'il ne pouvait être aimé d'elles.

Qu'ils étaient loin, l'un et l'autre, de l'amour tranquille d'autrefois. Les longues promenades dans la campagne, les causeries interminables, les baisers donnés et rendus, les heures d'extase où l'on ne voit plus que les yeux de la femme adorée ; tout cela était fini. C'était maintenant la lettre à l'effigie de la république qui apportait les serments et les regrets, et la pauvre fille me disait souvent : « Je donnerais tout ce que je possède si je pouvais passer seulement quelques heures avec lui. »

Le gouverneur a commencé son voyage, j'en suis satisfait, car mes spahis qui vivent dans une oisiveté forcée prennent les plus mauvaises habitudes. Ils passent des journées entières à jouer au Ronda ; de là des occasions de chicane. Il y eut même des coups de poing d'échangés et si je n'avais interposé à temps mon autorité, tout cela aurait pu mal finir.

L'ordre me fut enfin donné d'aller attendre le gouverneur à Takitount.

Cette première étape, sur la route de la grande Kabylie fut très agréable ; après quelques kilomètres à travers d'épouvantables fondrières, nous arrivons dans un pays pittoresque qui laisse pressentir la grande nature. Tout à coup, s'ouvre devant nous le plus merveilleux horizon qu'on puisse voir.

Les Pyrénées ne donnent pas ce panorama, les

sites de ce pays sont d'une tout autre nature, ils ont leur grandeur et leur poésie particulières ; le Djurjura est lui, il a son originalité tout comme le désert, et tout comme cette terre d'Afrique si belle et si harmonieuse.

Le paysage que nous avons sous les yeux ne veut pas de descriptions, il supporte à peine le pinceau de l'artiste, parce qu'il est noyé dans une lumière que nous ne pouvons saisir et qui le fait d'une grandeur incomparable.

Nous descendons pendant trois heures les rudes pentes de la montagne, le pays est bien cultivé et la population affectueuse. Ici pas de colons, les kabyles sont maîtres du sol, et ce sont eux qui, avec une persévérance digne d'admiration, ont transformé ce pays.

Le gouvernement a le devoir d'encourager de semblables auxiliaires, il doit leur tendre la main et supprimer pour ceux-là, le lourd impôt qui pèse sur la population indigène.

Si le kabyle disparaît de cette région, elle est fatalement destinée à devenir un désert. Le Français n'aura ni le courage, ni la patience nécessaires pour mener à bien une culture aussi ingrate ; et, comme conséquence finale, ces belles montagnes si recherchées du voyageur avide d'émotions, se transformeront en un repaire de bandits qui vivront de l'honnête métier de leurs camarades de Sicile. Cette perspective n'est pas à envisager pour le moment ; Dieu merci.

J'arrivai à Takitount vers les deux heures de l'après-midi, j'installai mon camp dans une petite prairie, sur les bords de l'Oued Agrioun et à l'abri des vent froids qui soufflent volontiers la nuit.

Je prenais mes dernières dispositions lorsque je vis venir à moi deux officiers de zouaves qui, avec cette familiarité permise dans l'armée d'Afrique, m'offrirent une hospitalité complète ; je n'acceptai que le dîner.

A l'heure solennelle de l'absinthe, j'appris que je causais à C... l'amant malheureux de la belle Maltaise. Il savait que je venais de Sétif, que j'avais vu l'adorée ; et en rentrant au camp, n'ayant d'autre témoin que la lune qui nous éclairait, je promis à mon nouvel ami ce qu'il demanda.

Peut-on refuser le bonheur à celui qui vous implore ; nous avons tous le cœur trop bien placé pour faire autrement. C... me supplia de lui envoyer Marie ; je m'y engageai.

Me voici décidément à la suite du gouverneur, parcourant ce magnifique et délicieux pays. Un matin nous arrivâmes à l'entrée des gorges du Chabet et Akra.

On a fait assez l'éloge de ce défilé merveilleux pour qu'il me soit permis d'y revenir. Je fais toutefois une réclame en faveur de l'auberge qui se trouve à l'entrée des gorges et je la recommande au touriste. C'est un endroit charmant pour y passer quelques jours, l'on y dort délicieusement au tapage du torrent, et quand le soleil levant vient rougir le sommet des Babords, il est bon d'errer, le fusil sur l'épaule, sur les pentes vertes de la montagne.

Le gouverneur me rendit ma liberté à la sortie du Chabet.

Il ne m'est pas permis de parler du général Chanzy. Son nom appartient à l'histoire qui dira ce qu'il a été et ce qu'il aurait pu être. Mais s'il est admis qu'aux jours néfastes de 1870-1871 nos gouvernants n'étaient que des histrions vulgaires, on sera peut-être obligé de reconnaître plus tard, que ceux qui ont travaillé sous leurs ordres à la ruine de la France ont une part de responsabilité qui demande à être étudiée sévèrement et qui pourrait bien obscurcir leur renommée.

Je revins très lentement à Sétif, je ne pouvais m'arracher aux charmes de ces montagnes, et j'eus un serrement de cœur en regardant pour la dernière fois les cimes blanches du Djurjura. Et puis, cette grande insouciance que donne la vie militaire me reprit, et les yeux noirs de Pauline eurent bientôt raison de mon enthousiasme et de mes regrets.

N... et moi, chevauchons maintenant sur la route de Constantine, nous marchons en amateurs et en gens peu pressés. Dans l'air tiède, flotte une odeur de renouveau; les blés sont déjà grands. les arbres ont retrouvé cette première verdure d'un ton si éclatant, et, dans la plaine immense les horizons tout verts viennent chuchoter à notre oreille les souvenirs du pays.

De Sétif à Constantine, ce n'est plus l'Algérie, c'est le sol monotone de nos campagnes cultivées de France, il y a là un peu de la Normandie et un peu de la Beauce.

Ce plateau est devenu une source de fortune pour ceux qui veulent travailler, de jolis villages bordent la route de loin en loin, des auberges propres et bien tenues attendent le voyageur, les colons sont affables et paraissent à peu près honnêtes.

Me voici de retour à Batna, j'ai repris possession de ma maisonnette et des habitudes du régiment, et j'attends une nouvelle occasion qui m'enverra au loin reprendre cette vie errante tant désirée.

III

DANS LE DÉSERT

III

> Si tu savais les secrets du désert, si tu avais respiré ce souffle embaumé qui double la vie, car il n'a pas passé sur l'impureté des villes, tu penserais comme moi.
>
> ABD-EL-KADER.

Un matin à l'heure du rapport, je reçus l'ordre de me préparer à partir pour le sud avec mon peloton.

Habitués que nous étions à la vie de campagne, l'arrimage du départ fut vite fait et, le surlendemain, je quittais la garnison par la porte de Biskra pour commencer une chevauchée de quelques centaines de kilomètres à travers le désert.

D... des chasseurs d'Afrique et moi servions d'escorte au général de division, qui voulait se rendre compte par lui-même de la situation politique du sud de la province.

Les cinq étapes qui nous séparent de Biskra, sont faites dans les meilleures conditions du monde. La montagne avait repris son éclatante parure du printemps, le ciel était bleu, et nous avions, mon camarade et moi, l'enthousiasme et l'entrain que l'on doit avoir à vingt-cinq ans.

Quelle charmante route que celle qui conduit à Biskra ! Je ne saurais trop recommander cette promenade aux touristes avides de ces émotions saines que procure la contemplation d'un paysage pittoresque et grandiose.

El Kantara est le point de séparation du Tell et de la région saharienne. C'est un défilé sauvage, ou plutôt une coupure dans le rocher, qui donne accès à la pente sud de la ligne de partage des eaux. C'est la première et peut-être la plus jolie oasis de la province.

Je n'oublierai jamais ce soir-là passé dans le défilé ; les grands rochers noirs du Djebel Mettili profilaient leurs crêtes étrangement découpées sur le ciel, autour de nous c'était un chaos. Nous étions noyés dans l'ombre que la montagne étendait sur le ravin étroit, tandis que dans la direction du sud, au fond de la déchirure gigantesque, l'horizon se perdait dans la clarté resplendissante du soleil couchant. Nous avions sous les yeux un paysage invraisemblable, plein de contrastes, bizarre, impossible à rendre, étonnant le regard tout en impressionnant l'âme d'un souvenir impérissable.

A Biskra, il fallut organiser le convoi et ce fut seulement le surlendemain du jour de notre arrivée que nous pûmes partir pour Touggourth.

Ici il nous faut faire un journal de route, presque une copie de la relation aride et fastidieuse qu'il faut présenter à son retour ; nous éviterons cependant les détails techniques qui n'intéressent que le côté militaire, ne nous attachant qu'à faire connaître l'Oued Bhir et l'Oued Souf sous leur plus séduisant aspect.

Notre première étape nous conduisit au caravansérail de Saada. Pour arriver là, nous dûmes traverser la fameuse forêt de ce nom ; j'avoue que j'errais sous ses futaies depuis deux heures sans me douter de son existence ; je voyais bien à droite et à gauche de la direction que nous suivions quelques tamaris rabougris mais je n'aurais jamais pu supposer qu'ils avaient mission de constituer une forêt. L'administration prévoyante envoya à Biskra un garde général pour diriger cette exploitation, et ce fonctionnaire resta bel et bien deux ans dans son poste. Le fait met en lumière, une fois de plus, notre parfaite nullité en matière de colonisation et il nous est permis, en pareille circonstance ; de hausser les épaules devant l'incapacité d'un gouvernement qui commet de semblabes inepties. Le garde général est parti, et la forêt est maintenant encore ce qu'elle était autrefois : un ramassis d'arbustes desséchés qui agonisent sous le soleil ardent du Sahara.

De Saada à Chegga, notre seconde étape, le sol est d'une aridité extrême, parsemé de cailloux ronds et transparents, quelques puits d'eau saumâtre jalonnent la direction des oasis, et sur un parcours d'environ 35 kilomètres on ne rencontre pas un brin d'herbe. Aucun être ne saurait vivre dans cette désolation et il n'y a pas plus d'oiseaux dans l'air que d'insectes sur la terre.

Chegga est une petite oasis de fondation récente, mal arrosée par un puits artésien qui tombe en ruines, comme à Saada tout y est misérable.

Pour nous rendre à Oum el Thiour, il nous fallut faire le lendemain une longue étape ; le sol est moins rude, moins monotone, et puis nous trouvons à l'arrivée un petit village coquet et propre groupé autour d'une mosquée blanche d'un joli effet.

Quelques collines entourent l'oasis ; l'une d'elles, le Koudiat el Dour domine toutes les autres ; elle est surmontée d'une sorte de dolmen destiné à consacrer la tradition suivante : Quand le grand Sidi Okbah, le conquérant arabe, eût asservi le Tell, et imposé à la race berbère la loi de Mahomet, il eut l'audacieuse pensée d'étendre la conquête au delà des limites habitées. Il pénétra dans le grand désert et arriva à Oum el Thiour le quatrième jour de marche. Au milieu de cette solitude, son armée eut peur et murmura. Sidi Okbah, prenant conseil de ses généraux, monta sur la colline la plus élevée, regarda l'horizon, et ne voyant dans le sud que la plaine aride et sans fin, abandonna son projet. Il se dirigea dans l'est, vers les montagnes de l'Aurez et trouva la mort sous la petite ville berbère de Théoudah.

Notre camarade Mohamed Ben Driss, agah de l'Oued-Khir et du Souf, vint se joindre à nous à Oum el Thiour, j'ai toujours considéré Ben Driss comme un vrai camarade et un ami. Il était fils de ses œuvres; d'une vulgaire origine il sut par son intelligence se faire une grande situation dans la province. Il est vrai qu'il se présenta au seuil de la vie politique dans des conditions exceptionnelles, après la disgrâce d'Ali Bey, le grand chef du sud. Par sa diplomatie très fine, et par la protection d'un général très en vue à cette époque il sut se faire donner le commandemant de Touggourth.

Je n'hésite pas à le dire, le choix était bon, car Ben Driss était tout dévoué à nos intérêts et, par le fait même de son impopularité dans cet immense sof, obligé d'avoir cette fermeté et cette dureté de commandement qui à défaut de respect inspirent la terreur et exigent l'obéissance.

En devenant agah il devint grand seigneur dans toute l'acception du mot ; d'un physique distingué, il était d'une recherche extrême dans sa tenue et dans sa manière de faire ; poli ou hautain suivant les circonstances.

Sa situation, à peine justifiée, lui créa des ennemis et des envieux, il eut ses détracteurs ; mais aux humiliations sans nombre dont l'abreuvaient les êtres qui jalousaient sa fortune, il sut toujours opposer une réserve et une froideur parfaites, et n'eut jamais une parole vive à l'adresse de ces mauvais procédés. J'étais en admiration devant ce caractère fort qui savait mépriser les bas sentiments de gens qui n'avaient, du reste, d'autre supériorité sur lui que celle de la nationalité.

Trente kilomètres de chevauchée à travers le sable rouge et nous voici à M' Rayer, grande et belle oasis arrosée par cinq puits artésiens d'un débit considérable.

Là, nous retrouvons la forêt de palmiers sérieuse, la futaie de grands arbres aux panaches verdoyants ; il y a dans cette végétation monotone une harmonie qui convient au pays.

Il y a deux villages à M' Rayer mal construits, mal orientés ; la population y est chétive et fatiguée, les enfants sont nus, on éprouve ici le sentiment d'une grande misère.

Ce matin-là, le général déjeuna dans les salles fraîches et spacieuses du caravansérail et il eut raison car la chaleur était excessive ; en revanche, il eut le tort, à mon avis, de laisser les officiers de son escorte prendre leur repas en plein soleil. Comme je savais qu'il nous restait quelques lieues à faire pour arriver à l'étape, et cela dans la fournaise ardente qu'allume le soleil de midi, ce fut simplement un apéritif que nous prîmes à M' Rayer.

Pour aller à Sidi Khélil, la direction est toujours au sud. Quelques palmiers isolés, fortement inclinés dans le nord, servent de points de repère.

Un des hommes de B. Driss me raconte sur le pays de curieuses histoires. Quoique très dévoué à son maître actuel, il parle avec enthousiasme du temps plus brillant encore de l'infortuné Ali-Bey, ce demi-dieu des Sahariens que la France, à tort ou à raison, à jugé prudent d'exiler à Alger.

En 1871, ce grand chef fut vivement inquiété par un aventurier touareg qui avait nom Bouchoucha. Bandit et marabout tout à la fois, Bouchoucha vint à la tête d'une petite armée fanatisée jusqu'à Touggourth, semant partout la terreur. L'Agha surpris fut forcé de quitter sa capitale et de se réfugier dans le nord. En arrivant à M' Rayer il trouva la population révoltée contre son autorité. Un acte de vigueur était nécessaire : cent cinquante têtes tombèrent en une journée.

Cette action barbare sauva Ali-Bey, il put rentrer dans son commandement et poursuivre à son tour Bouchoucha qui recula jusqu'au Thouat, pour se faire prendre quelques années plus tard par le frère de Ben-Driss.

Rien n'est joli comme le site que nous avons sous les yeux à Sidi Khélil. Notre camp est établi devant l'oasis, dans un marécage où il ne serait pas prudent de séjourner longtemps, tout couvert pour le moment de hautes herbes qui fournissent un repas excellent à nos chevaux.

Dans le vert sombre de la palmeraie, deux mosquées d'une blancheur de lait, mettent au paysage un pétard invraisemblable ; par une trouée de l'oasis voici la ville avec ses murs crénelés, ses portes basses, entourée d'un fossé d'eau fétide. Tout cela vu sous un soleil aveuglant, et encadré d'un ciel bleu d'indigo, compose un tableau d'une couleur inexprimable.

Quelle bonne soirée il eût été possible de passer dans la fraîcheur du marécage ; mais les moustiques étaient là, s'envolant de la vase pour venir nous tourmenter.

De Sidi Khélil à Ourlana, le désert prend un autre aspect, il n'est plus rigoureusement plat, mais parsemé de mamelons de grès rouge qui se décompose sous l'action du soleil et de l'humidité.

Avant d'arriver aux oasis, la colonne fit halte auprès d'une fontaine isolée, ombragée de palmiers. Quelques kilomètres plus loin nous entrons dans le sable, ce fléau du désert qui le rend redoutable comme la mer aux jours de la tempête. Ici toutefois, il n'est pas encore effrayant, il étend même sur le sol un tapis épais et doux très agréable aux pieds fatigués de nos pauvres chevaux.

Ourlana est une très vaste oasis ayant la forme d'un croissant fermé vers le sud. Cette forme particulière se rencontre quelquefois, elle n'est peut-être pas l'effet du hasard, étant donné que le croissant est l'emblème de l'Islam.

Les petites villes ou bourgades, d'Ourlana, de Tickdidine, de Jama et de Mazer sont relativement propres et paraissent prospères ; l'eau n'est pas rare en ce point de l'Oued-Rhir et les nombreux puits artésiens, qui fertilisent le sol des palmeraies et des jardins, concourent à former une rivière qui alimente elle-même un lac très poissonneux avant d'aller se perdre dans le sable. Avec l'eau, la culture apparaît ; nous rencontrons des jardins potagers très bien tenus. Ce fut ce soir-là, une orgie de légumes frais à notre table.

Notre camp est installé sur un mamelon couronné par un fortin abandonné. Devant nous, s'étend la ville principale, peu accessible aux profanes de notre race et de notre religion ; elle est entourée de murailles épaisses et a plutôt l'aspect d'une forteresse que d'une paisible bourgade.

La porte d'entrée nord est si basse, qu'il faut se courber pour la franchir; les rues sont étroites, les maisons petites et percées de moucharabis grillés et discrets ; c'est tout arabe.

Pas un bruit dans Ourlana. Quelques bédouins sont gravement assis devant les maisons, muets, impassibles, ne manifestant ni curiosité ni étonnement à notre vue; les femmes sont soigneusement cloîtrées, risquant un œil pour regarder les bêtes curieuses qui viennent d'arriver et qu'elles appellent des Roumis. Des chansons accompagnées par des instruments barbares, s'envolent des cours intérieures et la derbouka mêle son unique note grave et endormante aux voix perlées des jeunes femmes qui chantent des chansons d'amour et les psaumes à Allah tout-puissant.

Le hasard me permit de voir deux sahariennes, elles étaient jolies, leurs visages pâles éclairés par des yeux superbes étaient d'une finesse exquise. Elles avaient un petit tatouage bleu au menton, et des lèvres rouges comme du corail ; les mains et les pieds étaient d'une extrême distinction ; mais la mode, la fatale mode, qui, partout enlaidit la nature sous prétexte de l'avantager, venait détruire cette harmonie charmante et souiller cette belle carnation ; ces mains délicates, ces pieds d'enfant, étaient noirs de henné, ce badigeonnage affreux dont Mahomet fit une parure obligée pour le faire accepter comme médicament.

Il y a dans l'oasis un monastère, sainte maison habitée par des marabouts qui vivent de la charité publique, ce qui ne les empêche pas d'être riches. Tout Arabe errant trouve là le gîte et la nourriture pendant plusieurs jours. Cette Zaouia est plutôt un établissement philanthropique que religieux ; elle possède en outre, une école de droit musulman et instruit des lettrés capables de lire et d'interpréter le Coran.

Pour aller d'Ourlana à Tamerna la route est presque agréable. Nous traversons un schott desséché tout couvert de cristallisations magnésiennes qui donnent l'impression très exacte d'une plaine couverte de neige sous un soleil de feu. Dans les rares jours de pluie cette cuvette immense se remplit d'eau qui n'y séjourne que quelques heures, retournant par infiltration dans le grand fleuve souterrain qui alimente tous les puits artésiens de la région ; les parties basses et humides sont plantées de palmiers.

A peu de distance de ce lac desséché en voici un autre plein d'une eau limpide ; une petite mosquée blanche entourée de grands arbres s'y reflète. C'est un coin charmant, une de ces compositions fantaisistes sortie de l'imagination d'un peintre, n'ayant rien vu de ce pays-là, mais qui le conçoit ; c'est un Girardet plein de lumière et de vie, une de ces natures roses que nous ne comprenons pas en France parce que nous ne les y voyons pas.

Tamerna reçut notre visite et ce fut tout. Dans l'après-midi, notre petite colonne arriva à Sidi-Rached et le camp fut installé avec grande difficulté sur un sable fin et si mobile que les piquets de nos tentes ne pouvaient y tenir.

Nous constatons ici les effets curieux et redoutables de la migration des sables, qui viennent s'accumuler, sous la forme de véritables collines, ensevelissant tout sans le détruire.

Le village de Sidi-Rrached est à l'abri d'une grande dune sur le sommet de laquelle les indigènes ont planté des troncs de palmiers réunis entre eux par des fascines. Tout cet appareil est destiné à arrêter l'envahissement progressif du sable.

La population de ce coin du désert est vigoureuse ; vivant dans un air très sain et avec une sobriété étonnante, hommes et femmes jouissent d'une santé très robuste. La forêt de palmiers est riante, l'eau de la petite rivière qui serpente au fond des dunes est limpide et agréable à boire.

Il n'est pas besoin d'aller chercher bien loin l'explication du phénomène de la formation des dunes ; la nature même du terrain l'indique suffisamment. La roche imperméable, qui se trouve à quelques mètres seulement au-dessous du sol, entretient une humidité permanente qui arrête la poussière impalpable apportée de la région du Souf par le vent de sud-est. Cette poussière s'agglutine, et la capillarité aidant, voilà la dune formée. Il est évident qu'il faut un grand nombre d'années pour l'accomplissement de ce travail de la nature.

Ce fut à Sidi-Rached que le grand marabout de Temacin vint se joindre à nous. Sa tente fut installée à côté des nôtres : elle avait ce luxe criard et ce confortable exagéré que l'oriental recherche dans son installation.

Le saint était un gros homme, vêtu de violet comme un évêque, sa tête d'eunuque était fine, et dans le sourire béat de sa bouche d'hippopotame, il y avait ce quelque chose d'irrésistible, un peu de ce fluide qui hypnotise et de cette naïveté qui provoque l'affection et entraîne le respect.

Si Mamar est le chef de la secte puissante des Tidjani ; c'est lui qui administre les biens immenses de la Zaouïa. La question religieuse ne le préoccupe pas, son frère en est chargé.

Je crois que ces saints personnages ont une

religion très large, et que tout en affichant une pauvreté et une abnégation des choses de la vie, dignes de leurs ancêtres, les solitaires de la Thébaïde, ils savent, dans le secret du vaste monastère, mener une existence aussi agréable que possible. Le harem de ces désintéressés est peuplé de soixante femmes, toutes jeunes et belles paraît-il; puis, je me suis laissé conter que la bonne chère était la grosse préoccupation de tous les jours.

Il y eut ce soir-là un grand dîner offert par le général en l'honneur de Si Mamar. Ce fut dans les ruines d'un fortin que se passa cet acte politique et cette corvée imposée au grand chef qui commandait notre colonne. Nous, les modestes, nous dînions au grand air, sous le dôme du ciel étoilé, n'ayant pas besoin de mesurer nos paroles ni d'envoyer d'eau bénite de cour; insouciants et tranquilles dans cette immensité, notre possession et aussi notre ruine. Tous jeunes, nous causions de nos espérances, ne trouvant pas le temps de parler du passé qui se rapprochait trop vite de notre enfance.

A cinq heures du matin, nous marchions dans la direction de Touggourth, c'est la dernière étape avant la grande ville. Nos cavaliers chantent; ils savent qu'ils ont un repas assuré de deux jours et la satisfaction de tous leurs appétits.

Dans ces conditions de belle humeur nous arrivons à Rhamra, oasis compacte et fertile où la culture de la garance donne de bons résultats.

Les Arabes nous reçoivent amicalement, la poudre parle toujours ; c'est le seul moyen dans ce pays de manifester sa joie ou sa colère.

Quelques dunes élevées limitent la vue ; rien n'est triste comme ce cratère de sable qui supprime le seul attrait du désert, le panorama de l'horizon infini.

Touggourth est bien près de Rhamra et pourtant la ville est toujours invisible. Tout à coup, au sommet d'une montagne de sable l'inévitable forêt de palmiers apparaît, tachant de son vert sombre le sable éblouissant. L'immensité revient et le Sahara reparaît dans toute sa majesté et dans toute son horreur.

C'est bien sous le soleil ardent que le Sahara se révèle tel qui doit être et tel qu'on peut le concevoir, étonnant le regard par son originalité, attristant l'âme par sa monotonie.

C'est en ressentant ces impressions que l'on en vient à se demander pourquoi la France a poussé si loin sa domination. De l'avis de ceux qui, à l'abri de toute influence, peuvent envisager la question sans parti pris, il est évident que les limites de la colonie étaient fixées, tant au point de vue géographique qu'au point de vue du simple bon sens, par la ceinture des montagnes qui bordent tout le désert au nord.

La région saharienne ne rapporte rien à la France, tout au contraire,

Les palmiers sont imposés, il est vrai, mais le traitement des grands chefs qui maintiennent notre influence au péril de leur vie, et les coûteuses expéditions qu'il faut périodiquement lancer à travers le désert absorbent en totalité le produit de l'impôt.

Cette partie de la colonie, dont le rapport est nul, n'est pas nécessaire à notre sécurité, quoi qu'on en dise. Depuis Onargla, les tribus émigrent chaque année dans le tell au moment des grandes chaleurs pour y chercher une nourriture indispensable à leurs dromadaires, cette seule richesse sans laquelle ils ne pourraient vivre ; il serait donc facile de tenir toute cette population dans le respect et dans la paix, par le seul fait de leur accorder ou de leur retirer cette permission d'émigrer qui est la condition première de leur existence.

Pour les besoins de la conquête, s'il a été indispensable de lancer des colonnes volantes sur les tribus révoltées du désert, il était temps encore, après la pacification, de faire de cette immense solitude un pays indépendant ; de faire respecter notre voisinage par une politique ferme et sage, et supporter notre domination dans le tell par des relations amicales.

Nous sommes arrivés à l'époque où le centre du continent africain, inconnu il y a vingt ans, et à peine exploré aujourd'hui, va nous livrer ses richesses énormes ; en étudiant la carte de cette vaste partie du monde, il est facile de se rendre compte que notre colonie se trouve dans les conditions commerciales les plus désavantageuses ; les produits du centre ne nous arriveront pas, car il n'y aura point de caravanes assez téméraires pour traverser le Sahara qui restera toujours ce qu'il a été, une mer infranchissable, défendue par les Touaregs, un peuple fier qui veut vivre chez lui.

C'est sur la côte est et ouest qu'il faut chercher à établir des comptoirs ; profitant des grands fleuves, ces routes naturelles qui conduisent au cœur du continent, et profitant surtout des bonnes dispositions des indigènes qui veulent bien encore traiter avec nous.

Il est une nation européenne, bien petite celle-là, qui a déjà planté de sérieux jalons sur la terre d'Afrique et qui sans bruit, et sans beaucoup d'argent se prépare dans l'avenir une sérieuse et grande colonie. En France, on n'a pas voulu comprendre ce que la Belgique a compris, et cependant il s'est trouvé un homme, Savorgnan de

Brazza, qui a timidement essayé de mettre en avant cette grande idée. La société de géographie lui a donné quelques centaines de mille francs pour l'encourager, mais le gouvernement de la République n'est pas venu à son secours ; il a fait le Tonkin pour la satisfaction et la cupidité des siens, a gaspillé dans cette expédition lointaine des centaines de millions, sacrifié des milliers d'hommes, détournant les yeux de cette conquête pacifique rêvée par un homme de génie...

Au pied de la grande dune, une nuée d'Arabes vêtus de loques innommables nous attendait ; notre arrivée fut saluée par des cris de joie, peu sincères je crois, et par une fusillade étourdissante. A un kilomètre de la ville environ, l'escorte passa dans un galop effréné par-dessus toutes ces guenilles ; il y eut des horions et des blessures et, probablement aussi, des malédictions à notre adresse, mais la fantasia est une institution si invétérée chez ce peuple qu'aux yeux de ceux qui n'avaient rien reçu tout allait pour le mieux.

Cette galopade prit fin devant la première maison de Touggourth. Une vingtaine de filles parées de leurs plus riches toilettes nous accueillirent avec les yous-yous d'usage, sorte de modulation qui rend toutes les émotions tristes ou gaies ; en cette circonstance c'était plutôt de la réclame que de l'admiration.

L'oasis de Touggourth a du nord au sud dans sa plus grande largeur, huit kilomètres. Outre la ville qui s'élève à l'extrémité ouest, elle possède encore deux villages dont celui de Nezla est le plus considérable.

La ville est propre, les maisons construites en briques séchées au soleil; la place, point central de l'agglomération est vaste, la kasbah, la mosquée, la maison du commandement et une petite caserne destinée aux quelques hommes qui composent la garnison, l'entourent et lui donnent un aspect presque imposant. Rien de curieux dans toutes ces constructions rudimentaires. On me fit voir dans la mosquée un lustre en fer forgé que l'on dit être contemporain du prophète : je respecte cette tradition.

Le soir de notre arrivée nous réunissait chez notre camarade Mohammed Ben Driss. Je rencontrai là des compatriotes, trois Français qui revenaient de Ghadamès. Ces explorateurs voyageaient sous la protection de la société de géographie. Je ne puis parler de leur œuvre, ayant eu l'occasion de l'étudier de trop près. La presse a fait leur éloge pour le public, cela suffit.

Il n'est pas donné à tout le monde de devenir explorateur ; dans cette carrière, la vocation ne suffit pas, il faut encore une santé robuste, des connaissances géographiques sérieuses, l'habitude du maniement des instruments destinés aux observations, un sens droit, une probité à toute épreuve et ce tact particulier qui sait séduire et se faire craindre ; enfin, à ces conditions indispensables, il faut en ajouter une dernière sans laquelle on ne peut réussir : de l'argent, et toujours de l'argent.

Tout cela manquait aux aventuriers rencontrés à Touggourth et ils auraient mieux fait de dépenser ailleurs leur incontestable énergie.

La ville fut en fête ce soir-là ; les Ouleds Nayls dansèrent d'abord leur danse du ventre, lascive et gracieuse, puis les ballerines nègres entrèrent en scène et le spectacle devint impossible à contempler. Peu à peu, de très légère qu'elle était la pantomime devint obscène, et dans le tapage de la musique, sous la lumière crue des torches, les danseuses haletantes, ayant perdu tout sentiment de pudeur, montrèrent au public enthousiasmé leurs charmes les plus intimes. Je l'avoue, cette représentation sadique me fit horreur. L'orgie de cette soirée me remit en mémoire cette première émotion que je ressentis sur la terre d'Algérie quand je vis la danse de l'abeille, cette fantaisie charmante née au sérail, mais inconnue maintenant dans notre colonie trop civilisée et trop bégueule. La mauresque qui remplissait ce rôle était si jolie, si merveilleuse de formes, si naïve, qu'au moment où le dernier voile tomba, un murmure d'admiration passa dans la salle. Rien, dans tout ce spectacle n'était choquant; c'était, au dénouement, une belle statue palpitante dans le soleil, qui s'envolait comme un fantôme devant notre admiration et nos bouches bées. Pour nous qui n'envisageons pas ces scènes d'un autre âge au point de vue du vulgaire, nous avions une vision artistique qui nous charmait.

Une Française très pudibonde me faisait un jour ses doléances sur le costume par trop primitif des femmes arabes en général, et s'étonnait de voir leurs visages couverts d'un voile épais au détriment du reste du corps, je n'avais rien à répondre à cet aparté.

Ici, la grande indécence consiste pour une femme à montrer son visage, cette partie noble entre toutes de notre être qui séduit et en impose, ce miroir de notre âme qui traduit toutes les émotions, toutes les sensations, tristesses et joie. Le musulman en homme sage a préféré cacher le visage de ses femmes que les charmes de leur corps, sachant bien que le langage de leurs yeux noirs et le sourire de leurs lèvres sont plus à craindre que le reste. Il a supprimé ce langage muet de la physionomie en couvrant le visage d'un voile opaque, et la belle mauresque traverse ainsi la vie publique, impassible et froide, étouffant éternellement dans son cœur l'amour entrevu aux belles années de sa jeunesse toujours captive.

Lorsque je rentrai au camp, la nuit était calme et le silence profond. La lanterne suspendue à la traverse supérieure de ma tente éclairait joyeusement la perse rose et bleue de sa tenture et les couleurs éclatantes de ma frechia ; j'éprouvais encore une fois ce soir-là un grand bien-être en me sentant à l'abri sous ces quelques mètres de toiles ; puis le sommeil arriva, précédé par cet engourdissement délicieux qui repose l'esprit et le corps.

Je lui dois un souvenir à cette pauvre tente, cet abri du bohème militaire, et c'est maintenant que cette reconnaissance s'impose. J'avais confiance en elle ; ses piquets étaient solides, ses cordes flexibles, sa toile résistante. Je me souviens encore des assauts terribles auxquels elle résista, la pauvre errante ! Souvent, sous l'effort de la tempête, elle s'inclinait, frisonnante, sa toile claquait au vent comme les voiles d'un navire dont on change les amures. Elle ne m'avait jamais laissé dans l'embarras, mais une nuit, la tourmente fut si effrayante que la lutte devint impossible, une épouvantable rafale l'emporta... elle s'envola en crevant dans le ciel.

J'en fus inconsolable, et qu'on me pardonne cette sensibilité qui peut paraître ridicule, j'ai pleuré sur ses lambeaux informes lacérés par la tempête.

Temacin est une ville curieuse, construite sur un mamelon, avec les deux hautes tours de sa mosquée elle a quelque peu l'aspect d'une pièce montée. Un fossé profond et large, rempli d'eau fétide, l'entoure et la protège. Il faut franchir un pont et une porte fortifiée pour pénétrer dans son enceinte.

On est étonné des dimensions de cette ville, le dédale de ses rues est inextricable, et ses maisons serrées et groupées avec une certaine harmonie indiquent un centre populeux.

Temacin fut jadis un royaume, dont le chef était au moment de mon voyage simple spahi à Alger, son influence très discutable avait effrayé le gouvernement, et la direction de l'Etat était alors confiée à la reine mère, ou grand'mère.

J'ai rendu visite à cette Altesse sordide qui se drapait dans sa misère avec une dignité comique. J'ignorais les détails dont je viens de parler lorsque j'entrai dans Temacin et c'est par hasard que je fus présenté à Lalla Choueka, ne me doutant ni de son existence ni de sa haute situation.

La reine me reçut avec affabilité et me parla nécessairement de son fils que l'exil éloignait de ses États. J'appris plus tard que ce prince était peu intéressant, toutefois je manifestai pour lui, au cours de cette solennelle entrevue, un respect digne d'un conservateur convaincu.

Dans la chaleur étouffante de midi, des odeurs affreuses flottaient au-dessus de la ville et je m'étonnais du parfait état sanitaire de la localité où les maladies pestilentielles devraient toutes prendre pied.

J'attribue à l'air très pur du désert, et à l'action des grands vents cette absence heureuse de toute épidémie, dans un pareil foyer d'infection. Les indigènes arrivent à un âge avancé, et rien n'est charmant comme cette nuée d'enfants tout nus, dont le visage brun est éclairé par de grands yeux noirs fins et intelligents.

Le monastère s'étend à 2 kilomètres de Temacin et à la sortie de l'oasis ; c'est un ramassis de constructions de toutes les natures et de toutes les dimensions.

La mosquée est très vaste ; le tombeau du saint qui repose sous la grande coupole est d'un beau style, tout entouré de drapeaux verts. Pour cinq francs je puis entrer dans le sanctuaire et contempler le fameux dôme dont j'avais tant entendu parler; il est dans de belles proportions, mais ne présente de remarquable que ce fait, qu'il a été conçu et construit par des ouvriers inexpérimentés qui ont su résoudre un problème architectural très subtil sans épures et sans plans. Des peintures assez fines ornent cette vaste pièce et mettent sur les murs blanchis à la chaux une décoration criarde et discordante qui laisse une mauvaise impression; on se croirait plutôt dans un alcazar que dans un lieu funéraire. Les Arabes aiment à entourer la mort de symboles gais et de couleurs éclatantes.

Si El Hadjel Tidjani, dont les dépouilles mortelles reposent dans la grande mosquée de Temacin, est le fondateur de la secte religieuse dont El Aïd est actuellement le représentant spirituel, et Si Mamar, son frère, le chef temporel.

Cet ordre religieux dont j'ignore les statuts particuliers a ses prosélytes parmi les Touaregs du sud, l'Oued Souf et les provinces du Nord de la régence; son influence est battue en brèche par l'ordre bien plus puissant des K'houans dont le siège est à Nephta en Tunisie.

Cette secte est puissamment riche et maintient son autorité grâce à un isolement salutaire qui entretient un respect irraisonné, mais facile à constater.

J'ai cherché en vain à lever les voiles mystérieux qui recouvrent toute cette secte des Tidjani. Quoi qu'on en dise, elle s'est toujours présentée à moi comme une sorte de franc-maçonnerie musulmane, cherchant à conserver intacte la volonté du prophète. J'ai cru comprendre que c'était la haine des peuples chrétiens qui avait donné naissance à cette puissante association, qui sous le masque religieux cache un caractère politique très bien marqué et exerce une influence considérable sur tout ce qui n'est pas encore en contact direct avec les Français.

Là est tout le secret de la vitalité de cette race mahométane, qui toujours agonisante, résiste à toutes les combinaisons politiques et se maintient toujours unie, inébranlable, par son respect pour les lois et les doctrines religieuses du Coran.

Le turc qui se présente à nous avec une redingote noire et un fez sur la tête passe aux yeux du vulgaire pour le type du musulman dégénéré mais il faut voir, je crois, au delà de cette concession faite au costume d'occident et constater chez ce peuple une initative évidente, enrayée malheureusement dans son essor par une apathie qui ne permettra jamais le développement d'une idée. Sans étudier longuement cette race, qui toute différente des nôtres vit à nos côtés, nous devons lui reconnaître de grandes qualités et admirer l'attitude très fière de la Sublime Porte en présence de la politique et des convoitises européennes.

Cette visite à la Zaouïa laisse en moi une impression profane ; cet intérieur silencieux livré au public méprisé m'a semblé truqué comme au théâtre, et par-dessus les hautes murailles qui entourent la demeure de Mohamed El Aïd, la futaie verte des palmiers devait couvrir de son ombre de merveilleux jardins remplis d'odalisques charmantes dont la mission est de faire supporter au saint marabout cette vie cloîtrée exigée par sa haute position.

Je rentrai à Touggourth au soleil couchant, et pendant cette promenade sur le sable rose je pensais au conditions bizarres de la vie si suave pour les uns, si décevantes pour les autres ; aux éternelles influences sociales ; et dans ce pays primitif et austère, je retrouvais la vie frelatée et les mensonges de notre monde usé et vieilli.

J'avais songé à prendre une nuit complète de repos avant de continuer le cours de nos étapes, mes spahis ne me le permirent pas : je fus obligé d'aller les rechercher dans Touggourth, ils étaient dans les bras de leurs maîtresses d'un jour, chez les Ouleds Nayls qui nous avaient salués à notre entrée dans la ville. Les caresses de ma cravache es remirent dans le droit chemin, mais il était temps de prendre ce moyen énergique.

Au point du jour nous étions à cheval, traversant Toüggourth endormi ; sur la place, nous heurtons des paquets informes, ce sont des sahariens qui se reposent, ensevelis dans leurs burnous crasseux. Ils sont les heureux de la terre ces misérables sans feu ni lieu qui possèdent le monde et cette liberté infinie que nous ne soupçonnons pas L'estomac toujours creux et le cœur toujours content, avec le sable pour matelas et le ciel comme plafond, ils ne demandent rien, que le droit de vivre en paix là ou leur humeur vagabonde les conduit.

Dans cette lumière indécise du matin, Touggourth a un aspect étrange ; sol et maisons ont une teinte livide uniforme et triste ; on croirait chevaucher à travers un cimetière. L'aurore, pas plus que le crépuscule, ne sont les heures du désert, sa poussière et son aridité ont besoin du soleil éclatant pour vibrer.

A la sortie de la ville, nous nous engageons dans le dédale verdoyant des marais qui avoisinent l'oasis : un brouillard léger flotte autour de nous et de grandes fleurs pâles dorment sur l'eau profonde. Quelques oiseaux se lèvent au bruit de la colonne en marche et montent dans le ciel, gris à cette heure, ne troublant d'aucun cri le grand silence, ils tournent au-dessus de nos têtes dans un vol inquiet et effarouché.

Chasseurs et spahis sont muets, abrutis par ces deux jours de fêtes : ils vont reprendre la dure vie des marches forcées, dans une solitude affreuse, mais avec la fatigue et la sobriété la gaieté et la santé reviendront.

Au soleil levant nous étions au pied des dunes.

Une mer bouleversée par les rafales d'une furieuse tempête et subitement pétrifiée, voilà ce qu'il nous fallait aborder. La vue de ce chaos me remplit d'effroi et lorsque après avoir franchi la première vague il n'y eut plus rien autour de nous qu'un enchevêtrement de sable, ce fut comme le passage de la vie réelle à la vie d'un autre monde. On ne peut peindre cette partie du désert, le néant ne peut se décrire ; du bleu sur nos têtes, du blanc sous nos yeux et c'est tout, plus d'horizon, plus de bruit, plus rien.

Nous eûmes cependant une sensation lugubre, celle du grand silence.

La colonne dévalait sans bruit, c'était seulement un cliquetis de sabres qui troublait d'un petit son métallique ce grand calme ; dans l'air pas un être ne vivait, ni cri ni bruissement ; la brise légère qui chante si gaiement dans nos campagnes de

France ne s'entend pas plus ici que le sifflement de l'ouragan ; tous les souffles sont muets, ils émiettent seulement le sommet des dunes et chassent devant eux une poussière impalpable que rien ne saurait arrêter.

A notre entrée dans l'Oued-Souf le temps était d'une sérénité parfaite ; à la halte de midi il ventait bonne brise, les dunes fumaient et une poussière aveuglante nous enveloppait.

Le camp fut installé près d'un trou profond creusé à notre intention dans le talweg d'une dune ; nous avions là un peu d'eau pour abreuver nos chevaux. Vers le soir le vent cessa ; accablé de fatigue et torturé par le spleen, je m'étais assis sur un sommet et je regardais stupidement la fumée de nos feux montant vers le ciel, le camp et son activité, les couleurs brillantes des uniformes qui tachaient ce paysage tout blanc. Derrière moi plus rien que les vagues énormes, la mer pétrifiée. Un petit scarabé noir, le seul habitant de cette région désolée traçait son sillon d'hiéroglyphes sur la surface unie du sable.

C'est tout ce que je vis dans cette première journée.

Le vent se mit à souffler de nouveau dans la nuit, secouant furieusement nos tentes ; je m'éveillai avec une sensation de malaise, mon visage était brûlant, ma bouche remplie de sable ; un frisson de fièvre courait dans tous mes membres.

Nos gîtes d'étapes sont désormais sans noms, nous allons devant nous, dirigés par les guides du pays, campant toujours au fond de la dune.

Les hommes qui nous conduisent m'étonnent et me confondent; je ne puis m'expliquer cette science de la direction qui nous fait tomber juste au point voulu. Il y a dans ce fait un instinct de bête sauvage ou de pigeon voyageur; pourquoi cet instinct si intéressant à étudier chez les animaux ne serait-il pas départi à certains hommes, ces bêtes les plus intelligentes de la création.

Un matin, la petite colonne s'arrêta au pied d'une dune gigantesque; autour de nous même aridité, mais la surface du sol est constellée de ces gracieuses cristallisations arborescentes que l'on appelle justement les roses du Soûf. Ces fleurs de pierres, nées dans ce milieu tranquille et silencieux ont leur poésie, on les comprend là, elles ne peuvent vivre que là. Un vent violent vint à souffler pendant notre halte, la grande dune fumait effroyablement et s'abattait sur nous, qui supportions cette torture sans nous plaindre, résignés et abrutis. Des nuages gris couraient dans le ciel en grandes loques informes, effrangées; ils venaient certainement de la mer. Cet écran qui nous cachait le ciel bleu était sinistre. Soudain ces nuages crevèrent et la grêle tomba sur nous drue et glaciale, piquant de trous le sable sans en mouiller la surface. Cette tourmente dura quelques minutes, puis le ciel ardent reparut et le vent cessa.

Au sommet de la dune, un panorama bizarre apparut à nos yeux, c'était toujours le sable, mais enfin l'horizon s'éloignait et dans la large vallée la ville de Counine s'étalait avec ses maisons en forme de ruches, entourées de fortifications délabrées. Çà et là le dôme noir des palmiers.

Au pied de la dune la foule nous attendait.

La ville de Counine n'offre rien de remarquable ; elle est si voisine et diffère si peu d'El-Oued qu'en parlant de l'une on aura fait la description de l'autre.

L'Oued Souf n'existe plus. Il paraît qu'à une époque très lointaine, avant la transformation de cette partie du désert, un fleuve coulait dans cette vallée. Il me semblait le voir, ce fleuve, avec ses eaux paresseuses mettant sa traînée d'indigo dans l'aride Souf, presque à sec été comme hiver, ignorant sa source et son embouchure, sortant de terre pour y rentrer. Il a bien fait de disparaître, je ne le regrette pas et ne le comprends que dans cette tradition qui, transmise d'âge en âge, a cherché à le poétiser.

Pendant que Ben Driss faisait de la popularité en distribuant de l'argent et que le marabout de Temacin affirmait la sienne en en recevant, nous déjeunions sous un gourbi préparé à notre intention. Entre les branches de palmiers nous pouvions voir la population grouillante, affairée, sortie de sa torpeur quotidienne pour quelques heures ; frémissante au contact du Français détesté, mais maintenue en réserve par la présence des chefs spirituels et temporels. Cette manifestation de commande, sentait la haine, une haine nécessaire et raisonnée, provoquée par l'impôt qui augmentait leur misère à ces déshérités qui naissent et vivent dans un pays où l'on ne peut que mourir.

Autour de nous, une nuée d'enfants écoutait notre langue et regardait nos vêtements bariolés. Ils étaient jolis, ces petits, avec leurs grands yeux toujours noirs et leur peau dorée. Les petites soufiennes nous contemplaient en souriant, vêtues de la seule fraîcheur de leurs jeunes années et peu soucieuses de l'avenir prochain qui en fera des femmes horribles, usées par la climat et érosées par le sable.

El-Oued, la capitale du Souf est à 3 kilomètres environ de Counine. On s'étonne de rencontrer deux villes dans un si petit rayon, mais il faut songer au pays tout défavorable et qui ne permet pas de choisir un emplacement.

Nous avons deux jours de sobriété et de repos à El-Oued, de sobriété surtout. Pour nos hommes c'est une chose fort appréciable, pas d'eau-de-vie, pas de vin frelaté, pas d'absinthe ; les Arabes n'ont pas encore voulu de ces vices-là, le Coran le leur défend et le Coran a raison.

El-Oued est une ville étrange, composée de petites maisons avec des toits en dômes, et percée de rues d'une propreté remarquable. Le sable fait ici tous les frais, les places, les cours, les rues, les habitations elles-mêmes sont pavées et parquetées de sable fin. La ville possède deux places, l'une ouverte sur la dune, l'autre en plein centre ; autour de cette dernière quelques petites boutiques où l'on ne trouve même pas le nécessaire ; on y achète cependant des étoffes, les unes délicates et charmantes venant de l'inconnu, par delà le désert, les autres grossières et fanées importées indirectement d'Angleterre par les caravanes qui vont du sud du Maroc en Tripolitaine ; ajoutant à cet étalage quelques poteries grossières, on a fait l'inventaire du commerce d'El-Oued.

Cette place est aussi déserte, aussi morne que le reste de la ville ; dans ce pays qui rapporte à peine de quoi subvenir à l'alimentation des habitants, il n'y a pas d'argent et les mercantis juifs, restent parfois des semaines entières sans vendre une aune d'étoffe.

Toujours eux ces juifs, ces êtres méprisables qui tiennent le monde entre leurs doigts crochus. Les grands voleurs de nos pays civilisés et les sordides marchands de ces coins perdus sont toujours les mêmes, infâmes et dégradés. Des brouillards de la Prusse orientale où j'ai eu l'occasion de constater leur cynisme jusqu'au centre du désert, mêmes types, mêmes vices, mêmes aspirations. Sur le Préjel les juifs vendaient leurs filles ; à El-Oued ils faisaient le même trafic, et les malheureuses, endoctrinées dans le nord comme dans le sud, avaient toujours les mêmes sourires capteurs, les mêmes formes admirables, et le même goût pour la prostitution qui se paie bien.

Je fus sollicité par un juif ; il me fit ses offres d'une façon si révoltante que je ne sus répondre que par des injures.

Elles étaient bien jolies pourtant ces petites séduisantes et irrésistibles ; l'ignominie de leur père les protégea. Ce fut avec elles une amitié de vingt-quatre heures ; elles attachaient sur moi leurs yeux noirs avec un profond respect, ne comprenant pas mon puritanisme ; je leur contai des histoires à dormir debout, et elles me parlaient de leurs misères. A l'heure du départ elles étaient là pour me dire un dernier adieu, et leurs yeux se mouillèrent en voyant partir leur ami d'un jour.

El-Oued possède une mosquée, ou pour être plus vrai, un semblant de mosquée. Du haut de son minaret on domine la ville et l'on peut se rendre compte de ses dimensions. Un peu en avant de la place ouverte se trouve une grande construction dont les proportions, très ordinaires cependant, étonnent au milieu des petites choses qui l'entourent : C'est là que le général s'était installé et qu'il nous reçut à sa table.

Le général Carteret est un de ces soldats dont on ne peut dire que du bien : l'homme était d'une politesse exquise, d'une douceur et d'une aménité parfaites, d'une bonté rare et d'un désintéressement que l'on trouve rarement dans les grades élevés ; le militaire avait le calme qui produit le coup d'œil juste, le sang-froid nécessaire à celui qui commande et cette indispensable énergie qu'il faut à un tempérament délicat et chétif. Ceux qui l'ont connu, l'ont sincèrement aimé. C'est le plus bel éloge qu'il soit possible d'adresser à celui qui n'est plus.

La conversation, pendant ce dîner officiel, roula tout naturellement sur l'époque héroïque de la conquête. Nous écoutions les récits de cette grande épopée militaire et nous sentions, dans une humiliation intime, que nous étions bien au-dessous de cette race de héros qui firent les sièges de Constantine et de Zaatcha. Les grandes figures de l'histoire de notre domination repassèrent sous nos yeux : La Moricière, Bugeaud, Vallée, Damrémont, Canrobert, Saint-Arnault et tous les autres. Nous ne nous doutions pas alors que quelques jours plus tard, il nous serait donné, à nous aussi, devant les insurgés d'El-Amry, de constater qu'il restait encore au cœur des Français un peu des grandes vertus de ce temps-là.

Le soir, on tira quelques fusées au grand ébahissement de la population qui n'avait jamais assisté à un pareil spectacle. L'étonnement était muet, pas un cri ne fut entendu, et tous ces êtres vêtus de loques grisâtres ressemblaient à des statues de pierre. Soirée lugubre ! il bruissait un vent d'insurrection sous ce calme apparent, et en rentrant dans ma tente j'armai machinalement mon revolver, ce compagnon fidèle de mon chevet.

A minuit, au milieu de mon premier sommeil,

je fus réveillé par la musique sonore du convoi ; c'était mon tour de service, et le reste de la nuit fut employé à régler le départ pendant que toute la colonne dormait. Au lever du soleil le fanion tricolore du général flottait au sommet de sa lance, promenant toujours les couleurs françaises à travers ces possessions inavouables du Sahara qu'aucun peuple ne saurait nous envier.

Nous arrivons un matin devant une petite ville, dont le nom m'échappe. Toujours le même aspect gris et triste, toujours les mêmes murs lézardés par le soleil, toujours le même délabrement, la même monotonie. A quelques pas des murailles, un puits peu profond alimente une mare d'eau très pure qui jette un éclair sur le sol couleur de cendre.

J'assiste par hasard à une scène qui m'édifie sur l'honnêteté de notre cuisinier en chef : Il était en grande conversation avec un Arabe qui venait lui vendre des provisions de bouche. Dépréciant la marchandise avec un air insolent et hautain le moment de régler le marché étant arrivé :

« Combien tout cela ? » demanda-t-il brutalement.

« Cinq francs, » répond l'Arabe.

« Tiens, voilà ton affaire. » Et sans vergogne il dépose quelques sous dans la main du vendeur, le congédiant d'un geste. Tout naturellement l'Arabe protesta ; mal lui en prit, car d'un bond, sautant par-dessus ses casseroles, le cuisinier lui administra une volée terrible qui devait compléter la somme réclamée. Je fus obligé d'intervenir et donnai satisfaction à l'un et à l'autre en abaissant quelque peu le prix demandé. Cet arbitrage me valut de la part des habitants de la localité de nombreux mercis et de bonnes paroles.

Que dire à ce vieux soldat qui prenait sa retraite en expédition ; il était de la race des chasseurs d'Afrique, amoureux par-dessus tout du métier militaire, n'ayant d'autre but que celui des expéditions lointaines et hasardeuses. Audacieux et téméraire, mais aussi, bandit et ivrogne à l'occasion.

A cette époque, il y avait encore dans l'armée d'Afrique un peu de cette furie qui engendre des monstruosités ; tous ces gens-là étaient des reîtres et des soudards, et, si l'éducation militaire en fit des héros, elle en fit aussi malheureusement des hommes difficiles à conduire. Un cadre spécial se forma à cette école et l'on vit naître cette génération d'officiers qui a laissé tant de grands noms dans les pages glorieuses de notre conquête, et tant de personnalités placées par leur originalité en dehors des conditions sociales ordinaires.

Ils n'existent plus ces soldats d'autrefois ; le dernier chasseur d'Afrique est parti depuis longtemps. Le service obligatoire a désormais implanté dans nos régiments d'Afrique le petit jeune homme à monocle, ou le paysan cupide qui pleure du matin au soir sur les trois années qu'il doit donner à la patrie. Tous blancs-becs et freluquets n'ayant de pensées que pour les filles et les courses, vivant dans l'ignorance et le désintéressement le plus absolu des grandes choses de la guerre.

Désormais, le désert prend un autre aspect : sur le sable pousse une herbe légère et rare qui met autour de nous une teinte verte très pâle ; cette prairie anémique s'étend à perte de vue, elle laissa en moi une impression de tristesse indéfinissable. Il me semblait que nous remontions dans le passé aux premiers âges de notre planète, alors que, silencieuse et déserte encore, elle attendait dans l'épanouissement de sa première verdure l'apparition de la vie intelligente. Dans la nuit, quand la lune éclairait doucement cette sérénité, l'illusion était plus saisissante encore. Debout, à quelques cents mètres du camp, écrasé par cette immensité, j'eus un soir un véritable vertige qui me serrait la gorge et vidait mon cerveau. Alors, cette peur que produit la solitude absolue m'envahit, et sous l'influence de ce désordre de mon esprit, je fus sur le point de m'égarer.

Toute cette verdure dans laquelle nous campons est peuplée de reptiles immondes, de vipères cornues, de scorpions, qui glissent lentement sur le sable, cherchant l'occasion de nous empoisonner avec leurs dents venimeuses et leurs dards aigus. Pour mon compte, en rentrant un soir dans ma tente, je vis une de ces horribles bêtes pelotonnée sur ma couverture ; cette trouvaille me troubla à un tel point que je pris le parti d'aller dormir sur le sommet des sacs d'orge du convoi.

Un beau matin, dans l'orient nous aperçûmes une ligne bleuâtre à l'horizon ; quelque chose comme la terre vue du large. C'était en effet la fin de notre traversée qui s'annonçait. Peu à peu les montagnes grandirent, et le lendemain de ce jour-là, leurs cimes apparurent. C'était bien la terre, le port tant désiré, le terme des ennuis et des appréhensions.

Celui qui a parcouru pendant de longues semaines le désert, pourra seul comprendre notre émotion en cette circonstance. Nous éprouvions cette béatitude ineffable que ressent le marin lorsqu'il revoit la terre natale après une longue navigation et qu'il se sent à l'abri des coups de vent furieux et des dangers de la mer.

Maintenant, tout le long de notre route la vie reparaît ; ce sont des puits à peu près entretenus, des ruines, des feux fraîchement éteints, çà et là quelques Arabes pasteurs qui conduisent des troupeaux de moutons et de petites vaches. Tous ces riens sont intéressants pour nous, ils nous servent de trait d'union entre la solitude affreuse et le retour dans la région cultivée.

A Bir Klébia, nous rencontrons un goum imposant, sous les ordres du caïd de Tebessa. Notre colonne, avec ce renfort, est presque une petite armée. Le camp est animé et pittoresque, entièrement groupé autour d'un puits large et peu profond. Les tentes dispersées sans symétrie émaillent la plaine de taches blanches. Le soleil brûle tout cela, allumant les burnous rouges des spahis, accrochant des étincelles aux armes mises en faisceaux et aux broderies d'or des selles. Autour de nous, des Arabes descendus de la montagne sont assis immobiles et muets, regardant avec curiosité toute cette cohue d'hommes et de chevaux qui sont là par ordre, pour rendre hommage au général commandant la province. Les Deiras du caïd les chassent en dehors des limites du camp, mais ils reviennent à la charge pour voir encore toute cette fantasia brillante, tous ces costumes éclatants, pour entendre la sonnerie de nos trompettes. Cet apparat militaire leur plaît à ces sauvages, et certainement, qu'au fond de leurs âmes remplies de la haine qu'ils ont vouée à notre race, il y avait, à cette heure, un sentiment d'admiration et d'enthousiasme.

Toute cette journée fut une suite non interrompue de festins et de propos joyeux, excepté pour nous, les officiers de la colonne, car nos ressources étaient épuisées, et ce fut avec l'eau saumâtre du puits qu'il nous fallut porter le toast au retour dans le Tell.

Négrin n'est pas une oasis comme l'affirment quelques-uns, c'est un village perdu dans les grands arbres et accroché au flanc de la montagne. De ses terrasses on a une vue magnifique sur le désert.

Pendant la chaude journée que nous dûmes passer là, ce fut un repos absolu, une sieste prolongée dans les hautes herbes, au bord de la rivière. Tout le camp avait un air de fête, nos chevaux eux-mêmes, enfouis jusqu'au poitrail dans le drinn épais, mangeaient avec avidité, dédaignant l'orge pour ce foin qui sentait bon.

Le général nous réunit à sa table une dernière fois, mais la belle humeur de la journée s'évanouit devant sa figure grave et préoccupée. Qu'y avait-il donc, et pourquoi cette froideur que nous ne lui connaissions pas encore ? A la fin du repas, il me prit à part, me confia le convoi et me donna l'ordre de rentrer en trois jours à Biskra. Sur ma réflexion que la route était bien longue et bien rapide pour des chevaux fatigués, il renouvela doucement mais avec fermeté l'ordre qu'il venait de me donner.

Le lendemain à la pointe du jour la petite colonne se séparait; les chasseurs reprirent la route du Tell dans la direction de Tebessa; les spahis et le convoi celle du désert.

Pour exécuter les instructions du général, il n'y avait pas de temps à perdre; à cause du convoi, il fallait aller lentement, il fut donc décidé que le temps perdu par cette marche au pas serait pris sur notre repos. Je constatai une fois de plus en cette occasion, la résistance incroyable de nos chevaux arabes qui, presque sans nourriture, n'ayant que la peau collée aux os, me fournirent pendant trois jours des étapes de dix-huit à vingt heures de marche.

Nous avions un guide en tête de notre petite troupe; le désert était resplendissant, éclairé d'une lueur rose uniforme qui se perdait dans les lointains. Pour le moment, nous marchions à l'ombre des montagnes dans la direction du sud. Un brouillard bleu, très léger, voilait leur masse sombre. A l'abri de ces falaises gigantesques qui bordent le Sahara, le froid était piquant, et nous avancions silencieux, subissant l'impression mauvaise de ce départ précipité qui nous semblait de triste augure. Le guide tourna bientôt dans l'ouest, reprenant la direction de la plaine infinie.

Le désert prend encore une fois un nouvel aspect ; ce n'est plus le sable du Souf, ni le cailloutis de l'Ouet Rhir, mais un sol uni comme la glace, sans aspérités, recouvert d'une terre végétale profonde fendillée par le soleil. Quelques touffes d'herbes noires et chétives forment un dessin assez régulier sur cet immense tapis.

Nous marchions depuis de longues heures et je cherchais dans ce terrain plat un endroit convenable pour notre halte de rigueur. Devant nous, au loin, un paysage attrayant se présentait. C'était un grand lac, entouré de bouquets d'arbres, le ciel donnait à cette eau calme une teinte laiteuse, opaline, d'une grande fraîcheur ; les arbres se reflétaient dans ce miroir tranquille, et là-bas, toute cette blancheur se confondait avec la ligne indécise de l'horizon qu'une légère brume envahissait. Les lèvres sèches et la peau brûlante, je regardais ce lointain enchanteur pensant déjà au bain tiède que nous pouvions prendre dans ces eaux peu profondes, au repas frugal dégusté sous les lentisques du rivage, et l'éperon aux flancs de mon cheval je poussais la marche avec ardeur. Nous allions très vite, et cependant nous n'arrivions pas, le lac se desséchait peu à peu, reprenant plus loin son aspect séduisant, les bouquets d'arbres s'évanouissaient, semblaient rentrer en terre, ne laissant à leur place que quelques touffes de drinn desséchées. Le mirage décevant et trompeur nous entourait de tous côtés. C'était encore l'aridité affreuse sous un soleil de feu, toujours, toujours la terre grise et nue, épuisée par les grands souffles, et agonisante sous une température à rendre fou.

J'arrêtai convoi et spahis à la nuit tombante; nous avions parcouru une longue route, le repos était nécessaire. On dressa les tentes dans l'obscurité. Depuis le matin nous n'avions pas trouvé une goutte d'eau, les tonneaux furent mis à contribution, hommes et chevaux eurent une ration mesurée.

Vers huit heures du soir un vent violent secoua nos tentes, nos feux se dispersèrent de tous côtés, empoisonnant tout de leur fumée âcre ; nulle cuisine ne put réussir dans cette tourmente, la flamme ne chauffait pas et courait en longues langues rouges sur la terre fendillée. A dix heures le ciel s'assombrit subitement, un nuage de sable venant du Souf recouvrit tout d'un voile épais : plus de montagnes, plus d'étoiles, plus rien qu'une obscurité profonde nous glaçant d'effroi. C'était quelque chose comme le brouillard intense de l'Océan dans les nuits sinistres de l'hiver, une situation d'attente oppressante et lugubre... Je ne retrouvais plus mon camp, les feux étaient éteints ; escorté d'un spahi qui portait ma lanterne je trébuchais dans ce chaos, puisant un reste d'énergie dans le sentiment de la responsablité qui m'incombait. Quand le jour parut, j'étais encore debout ralliant les débris de ma colonne. Je n'avais que de bonnes paroles pour mes hommes qui avaient compris qu'ils devaient me seconder et qui réparaient le désordre de cette horrible nuit, le ventre vide et le corps anéanti. En voyant ma figure éreintée, l'un d'eux, un bon celui-là, un de ces dévoués comprenant les choses délicates du cœur, me dit avec sa brutalité d'arabe : « Tu n'as pas dormi, sidi lieutenant, et il faut marcher encore, dors sur ton cheval nous saurons bien te soutenir. » Je le remerciai le vieux spahi, puis en cachette à l'ombre de ma tente, loin du regard de ces musulmans qui ont horreur de l'ivresse, je remontai mon pauvre corps détraqué par la fatigue et la préoccupation en absorbant le contenu de ma gourde d'eau-de-vie.

La surexcitation que procure l'abus de l'alcool me tint éveillé pendant cette seconde journée, et veule, anéanti, je marchai toujours en tête de ma colonne, les yeux fixes, la bouche contractée, regardant le mirage désespérant qui continuait à fuir dans le lointain . . . .

. . . .

Zéribet Ahmed se présenta à nous de très loin. Ce petit village construit sur une ondulation du sol nous sembla d'abord, grâce au mirage, perché sur une colline élevée. Nous n'avons rencontré là que des enfants, ces petits étaient muets et portaient dans leurs yeux noirs toute la fierté de leur race, fierté naïve qui me plaisait chez ces bambins ; ils avaient entendu dire qu'un vent d'insurrection soufflait quelque part, et se voyaient déjà le fusil en main tuant les infidèles et ces chiens de chrétiens français. Une fillette charmante s'approcha de mon cheval, je lui adressai le bonjour d'usage, elle me répondit par une injure grossière et cracha sur la main que je lui tendais. Sa jeunesse et sa beauté lui évitèrent une rude correction, et je passai sans sourciller au milieu des épithètes brutales que l'impunité accordée à cette enfant souleva autour de nous.

Le caïd de Kranga Sidi Nagin vint à notre rencontre et nous offrit une petite diffa qui fut bien accueillie par mes hommes fatigués et affamés.

Le caïd était un beau vieillard poli et froid ; il m'invita à sa table et me fit servir un dîner succulent. Je ne fus pas étonné de la distinction de ce chef, sa conversation me plaisait et me reposait tout à la fois. Encore sous l'impression des injures et des insultes des enfants de Zeribet et tout en lui racontant cet incident, je lui parlai de nos aspirations françaises, du désir que nous avions de conserver avec les Arabes de bonnes relations, de l'intérêt que nous portions à la colonie, de notre désintéressement dans toutes les questions religieuses et sociales, du respect que nous accordions à la loi musulmane, de cette fraternité que Dieu nous commande ; mais malgré toutes mes belles paroles, je n'avais devant moi qu'un révolté doux et entêté dont l'impassibilité me démontait.

Nous campons pour deux heures à peine sur un tertre vert au milieu des débris et des ruines, vestiges de l'époque romaine ravagés par les habitants qui viennent y chercher les matériaux nécessaires à leurs constructions. Une herbe drue et fraîche couvre ce tumulus, des plantes grimpantes s'accrochent aux murs délabrés les ornant de festons de jolies fleurs roses ; l'eau pure de la montagne descend jusque-là et entretient une agréable fraîcheur. Malheureusement les reptiles abondent sous ces fleurs et il fallut entretenir du feu tout le temps de notre séjour pour les éloigner ; un petit incident fut provoqué par un de ces animaux : à l'heure du départ un de mes hommes qui arrimait les tonnelets sur le dos des dromadaires, fut effrayé en entendant un sifflement insolite provenant de l'un d'eux. Cet Arabe, brave jusqu'à la témérité, se prit à trembler, et il me fallut venir en personne faire évacuer la barrique. Quand la vipère en sortit, ce fut une débandade de tous mes chameliers qui ne se calmèrent qu'après avoir constaté la mort de l'ennemi écrasé sous le talon de ma botte.

Les cailles étaient si abondantes autour du camp, que j'en tuai une douzaine en quelques minutes avant le dîner, elles furent préparées et mangées séance tenante. Depuis longtemps je n'avais fait un repas aussi délicat, mais le pain qui nous restait était si dur, qu'il fallut le casser avec une hachette.

A Zéribet El Oued, mon ami et camarade Mohammed bel Agah nous reçut à déjeuner. Je n'avais qu'une heure à lui consacrer et malgré les instances d'un officier du bureau arabe qui rentrait avec moi, je repris ma route à midi sonnant.

D. était lieutenant d'infanterie, et depuis longtemps attaché aux affaires indigènes ; il avait pris dans cette confrérie l'outrecuidance, la morgue et l'insolente importance qui caractérisait en général les officiers des bureaux arabes. Tous ces défauts avaient germé dans l'intelligence bornée de mon compagnon de route d'autant plus vite, et d'autant plus facilement, qu'il provenait de petite condition. D. n'avait ni l'esprit, ni l'éducation nécessaires pour faire supporter ses airs d'autocrate ; de plus il était laid. Mon indifférence à son égard se changea au bout de ces trois jours de marche en véritable antipathie, il était devenu pour moi un cauchemar, une bête noire qui troublait ma vie et mon sommeil. J'éprouvai donc un grand soulagement en l'abandonnant sur la place de Zéribet El Oued ; une vive altercation avait eu lieu entre nous avant mon départ ; finalement, je lui avais déclaré que je ne voulais pas être le témoin de ces hautes décisions pas plus que le serviteur de ses caprices ; et j'arrivai sans lui à Sidi Okbah chez mon ami le cheik Si Mahmed.

Ce chef arabe me reçut avec la plus parfaite affabilité ; je retrouvais en lui le grand seigneur plein de distinction et de réserve. Un dîner somptueux nous attendait, servi à la française, avec les vins les plus généreux.

D. étant arrivé pour la circonstance, émit pendant le repas ses théories idiotes sur la colonisation ; au dessert, après avoir absorbé beaucoup de champagne, très gris et la langue pâteuse, il se permit d'étaler devant nous sa bêtise et sa vanité, il aborda le récit de ses bonnes fortunes. Si Mahmed était sorti de sa haute réserve et se tordait de rire. A minuit, le grave représentant du bureau arabe s'affalait sous la table ivre-mort, ne comprenant plus nos plaisanteries épicées auxquelles il ne répondait que par un hoquet sonore provoqué par le cliquot.

Je n'ose parler des bureaux arabes, cette question est cependant intéressante si nous voulons l'étudier dans son histoire et dans son rôle pacificateur, mais trop délicate si nous l'envisageons au point de vue de son fonctionnement, ce qui ne peut se faire sans mettre en scène certaines personnalités auxquelles l'ombre et l'oubli conviendront davantage.

Il n'est pas nécessaire de rappeler ici le but de cette institution, née d'un gouvernement essentiellement militaire qui avait cherché, avant tout, à concilier les intérêts de tous par une législation particulière moitié musulmane et moitié française ; mais ce qu'il faut toujours avoir sous les yeux, c'est le côté politique que se proposait le gouvernement en créant cette administration. Les bureaux arabes, en dehors de leurs fonctions officielles devait servir de trait d'union entre les deux races, là surtout était le point important. Cette juridiction militaire flattait le peuple arabe parce qu'il trouvait des juges et des arbitres avec un sabre au côté ; elle encourageait aussi le colon en le mettant sous la protection de l'armée. Le gouvernement plaça d'abord à la tête de cette société des hommes d'une grande valeur qui donnèrent une impulsion ne rencontrant pas d'obstacle ; ces chefs étaient des officiers de l'armée d'Afrique très au courant de leurs fonctions, intègres, redoutés des populations. Avec la pacification, chose incompréhensible, le nombre des bureaux arabes augmenta dans une grande proportion, leur recrutement devint difficile, et il fallut en arriver à prier des officiers de vouloir bien occuper des postes qui étaient considérés autrefois comme des récompenses.

A partir de cette époque, ce fut une invasion de nullités dans les affaires arabes ; tous les fruits secs des régiments trouvèrent là un débouché pour fuir leurs corps où ils ne pouvaient que végéter. C'était la porte ouverte à toutes les intelligences médiocres. La première idée de l'institution avait vécu ; dès lors, l'Algérie était bonne pour le régime civil.

Il y aurait un volume à faire sur toutes ces histoires ; depuis les plus tristes jusqu'aux plus gaies, rien n'y manquerait. Elles ont égayé et assombri nos conversations militaires, et resteront en nous à l'état de souvenirs, nous offrant un champ d'études morales très vaste et très nouveau.

L'administration civile réclamée à grands cris par la population misérable des colons, mettait déjà le gâchis partout à l'époque où j'étais aux spahis. C'était la concussion organisée en grand, le vol sans pudeur. Tel fonctionnaire, homme de rien, faisait du commerce avec les charmes de sa femme et de sa fille, vendait les charges de caïd et de cheik pour quelques billets ; tel autre, sans souci de la justice, obtenait le gain du procès à celui des deux plaignants qui fournissait la somme la plus ronde ; un troisième faisait des faux en écriture, etc., etc.

Nous méprisions le colon et nous l'évitions, mais il fallait vivre avec tout ce joli monde administratif, au cercle, dans les réunions officielles et privées, partout et toujours. Il fallait supporter leurs conversations importantes, leurs mensonges et quelquefois leurs observations ils ont réussi à me faire aimer les Arabes et à confirmer plus particulièrement ce que je savais déjà : que la race humaine trop civilisée ne vaut pas cher.

Sidi Okbah est une ville intéressante, toute livrée à l'industrie artistique du damasquinage des armes. J'y ai rencontré des ouvriers d'une grande habileté. Ses rues sont propres et bien entretenues, on devine là une sage direction. Les palmiers de l'oasis sont remarquables par leurs proportions gigantesques et l'abondance de leurs récoltes. Si Mahmed possède de grands jardins plantés d'orangers superbes. Ce coin est charmant, mystérieux, tout saturé de cette odeur suave qu'exhale les fleurs de ces arbres.

Une belle mosquée occupe le centre de la ville, elle renferme le tombeau du grand conquérant arabe, Sidi Okbah ; on y voit une plaque commémorative couverte d'une écriture bizarre que personne encore n'a pu déchiffrer.

Cette mosquée est un centre de pèlerinage très fréquenté, les Arabes y prient pieusement et se mettent sous la protection de celui qui fut un grand capitaine et un grand saint.

Au soleil levant je revis de loin Biskra ; j'étais très fatigué et mes pensées allaient plus vite que moi au-devant des douceurs que promettait la garnison. Je ne voyais rien de ce délicieux paysage qui se déroulait devant moi ; un autre mirage m'obsédait, celui de la bonne chère, du lit moelleux, des repas prolongés, des heures paisibles passées au cercle et des soirées enivrantes au milieu des danseuses.

En arrivant à Lelia, j'aperçus dans la plaine un cavalier qui galopait à notre rencontre, il arriva comme une trombe, et brutalement, avant même de nous tendre la main, il nous annonçait qu'une insurrection sérieuse venait d'éclater dans les Zibans. Cette nouvelle me produisit l'effet d'une douche glacée ; c'en était fait de la tranquillité et des repas rêvés, je repartais le jour même avec mes fidèles spahis.

Le général commandant la province forma rapidement une colonne, et il fallut reprendre le désert pour réprimer une dernière tentative d'indépendance.

Les émotions de la campagne d'El Amry ne peuvent s'oublier.

Il est bon de sortir quelquefois de la banalité de la vie pour traverser les jours terribles de la guerre ; ces grandes choses obligent à penser plus haut, donnent sur la fragilité de notre existence de salutaires conseils, ramènent l'âme vers Dieu, et laissent en nous des impressions qui ne s'effacent pas.

El Amry, l'oasis rebelle fut anéantie. Je la revois encore avec ses mosquées blanches et gracieuses, ses grands palmiers et son horizon de montagnes arides.

Je la quittai avec un serrement de cœur, je m'était fait à elle, pendant un siège de deux mois. Elle n'avait pu résister à l'investissement et au bombardement terrible qui dura quatre jours et quatre nuits. Sa misérable population se rendit et fut dispersée aux quatre vents du ciel.

La solitude et le silence revinrent dans El Amry qui pendant si longtemps avait entendu le canon et la fusillade. L'ombre de ses palmiers ne recouvre plus que des ruines et des morts.... Pour nous, nous avions repris la route de Biskra à travers les riantes oasis des Zibans.

J'ai fait un pèlerinage à Zaatcha, sur les ruines de la ville qui fut défendue par des héros et prise d'assaut par des héros. Quarante ans se sont écoulés depuis cette époque, mais les débris y semblent fumer encore.

Zaatcha est une nécropole, et il n'est pas même permis à ceux qui y ont vécu d'y revenir pleurer les leurs, morts là, en combattant.

Ourlal, Lichana, Tolga, Farfar ont reçu notre visite ; nous avons reposé nos corps enfiévrés sous leurs bienfaisants palmiers.

Désormais nous vivons, et quand Biskra nous revit, les fatigues et les horreurs de l'insurrection étaient oubliées.

IV

A BISKRA

IV

Du sommet du col de Sfa, sur la cime des dernières montagnes du Tell le panorama est grandiose. Au sud, à perte de vue, la plaine grisâtre est unie et monotone comme la mer ; c'est le désert, le pays de l'aridité et de la soif, la barrière infranchissable qui a permis aux peuples barbares de l'Afrique centrale de vivre en repos depuis le commencement du monde.

Sahara ! ce mot évoque les idées les plus lugubres tout en excitant un sentiment de curiosité bien naturel. C'est là où le simoun étouffant souffle avec furie et ensevelit les caravanes ; là encore où le mirage vient torturer les sens et l'imagination, là surtout où il est donné de comprendre les horreurs de la solitude et du silence.

Au pied de ces montagnes, voici Biskra, la perle

du désert, Biskra est en hiver un lieu de délices ; sous ses dattiers toujours verts, on trouve le printemps et sa fraîcheur, sous son ciel toujours bleu on oublie les brouillards du Tell. Mais quand arrive le mois de mai, ce paradis devient une fournaise, il faut vivre dans une fièvre perpétuelle qui aigrit le caractère et use la santé. Il n'y a plus ni repos, ni sommeil, mais une veille incessante que les moustiques savent entretenir, et un délabrement général qui enlève toute vigueur physique et toute énergie morale.

Est-il nécessaire de laisser une garnison permanente à Biskra? Non certes, il serait même raisonnable d'abandonner ce poste à l'époque des grandes chaleurs et de chercher dans les montagnes de l'Horès, qui sont à proximité, un de ces endroits délicieux que l'air frais des hauteurs rend si agréables à habiter. Cette idée est venue tout naturellement à l'esprit de ceux qui ont mission d'administrer la province, mais aucun d'eux n'a eu le courage de la présenter, parce que la routine est prise et qu'ils pouvaient craindre un refus de la part de ceux qui sont appelés à la trancher. Toutefois, disons-le, cette idée a une demi-application, et quand le corps médical a constaté que tel tempérament ne saurait résister aux rigueurs de ce climat meurtrier, la victime peut aller se refaire dans un poste heureusement situé dans la montagne, à quelques lieues de Biskra.

On ne peut ici parler du colon, notre nationalité est trop mal représentée. Du reste, cette population est toute mercantile et n'a d'autre souci que de gagner vite une fortune suffisante pour aller vivre ailleurs.

Rien de moins recommandable que cette plèbe, toujours disposée à voler le prochain tout en lui faisant bonne mine.

L'élément indigène est peu expansif : nous rencontrons à Biskra le musulman intègre, ne voulant pas de la société du chrétien et vivant renfermé dans le mysticisme de sa religion.

Il n'y a donc aucune relation à espérer en dehors du monde militaire.

Nous trouvons, heureusement, un quartier dans la ville où tout est vivant et gai, c'est celui des Ouleds Nayls.

Pour parler de ce quartier-là, il faut mettre de ce côté toute sa gravité. C'est l'empire des jeunes, l'oasis au milieu de l'aridité de la colonie française. Dans les cafés maures, les filles dansent et la musique est étourdissante ; c'est la vie amoureuse en plein soleil, et au milieu de ces rires frais, on ne saurait avoir ni une mauvaise impression, ni une arrière-pensée.

Elles sont belles, ces filles du désert, avec

leurs lourds bracelets d'argent et leurs vêtements aux couleurs éclatantes, traînant leurs pieds nus dans des sandales dorées ; et quand leurs yeux ardents s'allumaient au son de la derbouka, quand, sous leurs bras nus, leurs corps souples et gracieux se tordaient dans les mouvements lascifs de la danse arabe, il y avait dans la salle un tressaillement d'admiration.

A la française puribonde, ces danses ne conviendraient pas, elles sont d'un caractère qu'elle ne saurait admettre, représentant la civilisation d'une époque qui n'existe plus. Ici, l'on comprend encore que la danse est faite pour la femme seule, parce que la femme est un être essentiellement gracieux ; on laisse à ces charmeuses le devoir de parler aux sens, de flatter la vue et de chatouiller l'imagination. Au pays du soleil éblouissant et des palmiers toujours verts, il faut un tableau en rapport avec le cadre, et nos quadrilles aussi grotesques que disgracieux, nos menuets vieillots et ridicules ne peuvent plaire aux Orientaux habitués à vivre dans la grande nature.

Ici, l'almée danse seule, l'homme ne vient pas se mettre en travers de ses séductions, ce n'est pas son affaire ; il a lui, l'Arabe du désert, son cheval et son fusil ; il a sa dignité, sa froideur, sa silencieuse insouciance. Il ne se compromet pas, parce qu'il sait qu'il ne peut plaire ; il admire et il applaudit, sachant bien qu'au jour de la fantasia, les yeux noirs des belles filles l'admireront aussi.

A Biskra la vie militaire est nulle, il doit en être ainsi, car on ne peut demander de travail dans un climat où la vie elle-même est une fatigue. Cette distraction, s'il est permis de considérer comme telle le service militaire, n'existant pas, la vie du cercle devient une nécessité. De six heures du matin à minuit cet établissement ne désemplit pas ; à des heures fixes de la journée, tout le monde militaire et administratif est là, jouant, fumant et buvant des boissons que l'on peut à peine rendre fraîches. Pendant la lourde chaleur de midi, on est à peu près bien dans le demi-jour des salles spacieuses, et le soir, sous les quinquets fumeux, l'on s'y oublie encore en pensant à l'affreuse nuit que les moustiques vont vous reserver. Il n'est pas d'endroits où l'on dorme moins qu'à Biskra, il est vrai d'ajouter que toute fatigue étant soigneusement évitée, le sommeil devient moins indispensable qu'ailleurs.

Le choix du logement n'existant pas, je dus m'installer dans une petite chambre presque obscure et qui faisait partie d'un caravansérail militaire. Nous étions cinq officiers de toutes armes, artillerie, train, cavalerie, infanterie, et, chose étonnante, nos relations n'étaient pas trop désagréables. Pour mon compte, je sympathisais avec le train, dont le représentant était un aimable garçon. L'artilleur avait des idées si contraires aux miennes que j'évitais soigneusement les occasions de conversation. L'infanterie vivait renfermée dans cette méfiance perpétuelle qui est le propre de toute l'arme, restait enfin mon voisin le plus proche, le cavalier.

M. était un jeune sous-lieutenant de mon escadron qui avait toutes les qualités requises pour devenir un compagnon agréable, mais sa fatuité et sa prétention étaient telles que nos relations furent peu amicales. Ce pauvre garçon, qui depuis cette époque a connu des jours malheureux, avait le tort de se croire le plus beau garçon de toute la province ; il se supposait irrésistible, et avec ses vingt ans, l'âge des illusions et des chimères, il était devenu un amoureux féroce, entêté et désagréable. Malheur à celui qui s'approchait de sa belle, jolie fille, qu'il enveloppait de son amour tout en lui prodiguant ses écus...

Du côté de cette passion, M. eut bien des déceptions ; il ignorait, ce pauvre naïf, tout frais échappé de la férule de Saint-Cyr, que le cœur d'une Ouled Nayl n'a jamais su comprendre ce sentiment délicat qui s'appelle l'amour, et son imagination farcie des situations banales du roman doucereux dominait chez lui la raison. Il avait besoin pour connaître la vie, de sentir le poids des désillusions et des amertumes qui font les âmes fortes et les caractères sérieux.

Il ne me faut pas oublier ici la dernière locataire de cette singulière maison. C'était une blanchisseuse, pauvre fille qui avait supposé faire sa fortune en travaillant pour son compte à Biskra. Le climat meurtrier usait sa jeunesse ; pendant la grande chaleur du jour elle était là, devant sa table de repassage, gaie et la chanson aux lèvres. Son fourneau allumé transformait sa chambre en étuve mortelle, et, pour ne pas fondre dans ces cinquante degrés de chaleur, elle ne conservait aux heures du travail que ce vêtement intime et léger qu'il est de bon ton, chez nous, de cacher à tous les regards. Nous ne plaisantions jamais ce déshabillé et nous respections ce corps frêle et anémié qui mourait à petit feu dans le travail opiniâtre.

Je ne parlerai pas de ma propriétaire qui était cependant un type curieux à détailler ; elle appartenait à la race peu recommandable des colons. Souvent la bonne femme en arrivait aux confidences, mais je n'ai jamais voulu les écouter, je savais qu'il y avait dans tout cela une page barbouillée qui ne serait pas lue. Elle était du reste comprise dans le grand mépris que j'avais voué à tout ce monde sans aveu, et de plus vieille et laide ; je préférais les têtes jeunes et jolies. Enfin, elle me faisait payer très cher un mauvais logement et, pour ce motif, je la tenais en médiocre estime.

J'avais trouvé au bataillon d'Afrique des camarades sérieux, officiers sans avenir, mais très bons, sans doute parce qu'ils vivaient avec des coquins. Leur popote m'était ouverte, j'y dînais souvent et j'avoue que c'était avec satisfaction, car la concorde ne régnait pas chez nous.

Dans notre réunion de cavalerie, nous étions moins résignés au climat et par conséquent plus difficiles à vivre ; les conversations étaient marquées au coin de l'intolérance la plus ridicule et il était bon de ne pas élever la voix si l'on était désireux de ne pas voir éclater l'orage ; les motifs les plus futiles amenaient des mots aigres-doux et des querelles sans nom. Pendant les grandes chaleurs, cette réunion d'individus grincheux était insupportable, et si la panca, qui rafraîchissait l'air au-dessus de nos têtes, n'avait pas toujours été en mouvement, je crois qu'on en serait arrivé à s'entre-dévorer.

Un seul de nos camarades traversait cette pétaudière avec une sérénité parfaite : cet excellent T., intendant militaire, avait sur nous tous une supériorité intellectuelle qui en imposait ; il aimait passionnément la littérature et trouvait en elle toutes les satisfactions qui manquaient à ses voisins. Les choses techniques de la guerre l'intéressaient peu, quoique cependant son service fût d'une régularité parfaite.

Je vois encore ce tempérament méridional s'enflammant, aux jours trop rares hélas ! où la causerie littéraire venait adoucir nos conversations extravagantes. Pour moi, j'éprouvais un plaisir infini à sa fréquentation ; nous avions les mêmes admirations, les mêmes enthousiasmes, l'un et l'autre avions le culte de Victor Hugo, et, sous l'empire de la surexcitation du climat saharien, il nous semblait que nous comprenions mieux le grand poète.

Si j'ai passé de bonnes heures à Biskra, heures calmes et sereines qui comptent dans la vie, je les dois à ce charmant camarade, que les hasards de l'existence militaire m'ont enlevé trop tôt.

Dans la vie si creuse, et parfois si triste, de l'officier garçon, celui-là, qui n'a pas un correctif à opposer à l'envahissement de l'ennui, est bien à plaindre. J'en ai connu de ces déshérités qui considéraient la vie comme une charge, parce qu'ils tournaient toujours dans le même cercle odieux que procure le service.

A cette époque surtout où l'élément jeune était rare dans l'armée d'Afrique, où les relations étaient rendues difficiles par les situations que se créaient les uns et les autres, et quelquefois impossibles par des conditions particulières d'isolement, les suicides n'étaient pas rares.

Maintenant tout a changé, du sous-lieutenant au colonel, tous les officiers sont mariés, et, disons-le, ils ont raison d'agir ainsi.

Le femme, les enfants, la maison luxueuse, sont des diversions nécessaires à la monotonie de la vie militaire. Que d'heures de fatigue et d'ennui vite oubliées, lorsqu'en rentrant le soir au logis l'on trouve un visage souriant, cette chose nécessaire qui adoucit la rudesse des contacts soldatesques, une voix douce qui fait oublier les jurons et le ton impérieux du quartier.

S'il est permis, au point de vue purement militaire de discuter la question du mariage, au point de vue humain il faut l'admettre sans réserve.

Cette génération d'il y a vingt ans, à une époque où la carrière des armes n'était pas encore une obligation, n'existe plus ; maintenant, la loi vient nous forcer à raisonner juste, et puisqu'il faut être le défenseur de sa patrie pendant les vingt plus belles années de sa vie, cherchons d'abord les satisfactions que procure le grade, et ensuite toutes les douceurs du bien-être, pendant cette longue étape à laquelle personne ne peut se soustraire.

Malheureusement, étant donné cet état de choses, pour ne pas se faire d'illusion, il faut s'avouer qu'aux heures terribles de la guerre, celui qui a derrière lui les attaches de la famille ne saurait affronter le danger de la même manière que son camarade célibataire. Nous ignorons ce qui se passera dans l'avenir, et s'il existe encore un peu du vieil esprit militaire en France, nous verrons, peut-être, notre armée admirable dans son devoir comme par le passé ; toutefois, n'oublions pas qu'elle est composée de pères de famille et d'époux qui seront animés à un moment donné d'un sentiment de prudence qui pourrait bien ne pas remplacer avantageusement cette furia française qui nous avait fait considérer comme les premiers soldats du monde.

Depuis dix ans, l'amour du bien-être, des idées très fausses développées par la pratique de la république si piteusement comprise dans notre pays, les mauvaises passions encouragées par ce même gouvernement ont contribué dans une large part à l'oubli des choses de la patrie ; il existe en ce moment un désintéressement, un manque de confiance qui portent préjudice aux intérêts communs.

Cet amour du moi n'existait pas autrefois dans l'armée d'Afrique, il paraît qu'il n'en est plus ainsi ; et s'il est vrai que cette grande camaraderie qui a si largement contribué à me faire aimer l'Algérie n'existe plus, je n'ai plus de regrets, et me contente de la satisfaction que me cause le souvenir du temps passé qui sera toujours vivant en moi.

Il est bon de comparer l'armée d'hier à celle d'aujourd'hui, de constater la force de l'ancienne et la faiblesse de la nouvelle.

Nous avons assisté en quelques années à une complète transformation. Une campagne malheureuse, avec ses résultats désastreux qui retiraient à la France deux de ses plus belles provinces, a nécessité (le mot est malheureusement trop vrai) une augmentation d'effectif portée de 200,000 à 2,000,000 d'hommes, et le service obligatoire jusqu'à 45 ans, alors qu'il ne l'était que jusqu'à 27 ; tout cela, parce qu'il a fallu préparer une résistance pour l'avenir. Ajoutons que le gouvernement a bien fait d'agir ainsi.

Mais que d'efforts pour arriver au lamentable résultat de la nation en armes ! Combien de froissements, de révoltes, de mauvais vouloir, de polémiques ardentes, de la part de tous, malgré le sentiment puissant d'une revanche possible dans un avenir plus ou moins éloigné. Et combien ces efforts, ces difficultés péniblement vaincues, prouvent d'une évidente façon notre infériorité marquée au point de vue militaire, vis-à-vis de l'Allemagne qui, quoi qu'on en dise, est une grande nation parce qu'elle vit encore pour sa magnifique devise :

Pour Dieu, pour le Roi et pour la Patrie.

Avant 1870, l'armée avec son effectif de 300,000 hommes avait un recrutement merveilleusement étudié ; la qualité devait suppléer à la quantité, et cette qualité s'obtenait facilement avec le service de sept ans qui faisait des soldats au point de vue théorique et qui, surtout, formait les hommes à la dure vie des camps. Cette période de sept ans, demandée à ceux que le sort avait désignés, produisait cela de bon, c'est qu'elle inspirait à tous le goût du métier militaire. Ce goût était passé en habitude chez la plupart, ils l'avaient par routine et par tempérament, et il n'était pas rare de voir le soldat libéré du service, saisi après quelques mois de la nostalgie de l'uniforme, revenir au quartier recommencer cette vie unique qui nous plaît tant à nous Français.

Avec de tels éléments, l'on partait en campagne sans hésitations, ayant sous la main des hommes faits, vigoureux, sur lesquels la maladie avait peu de prise et qui supportaient stoïquement toutes les fatigues. Dans le combat, ils apportaient un entrain et une furie d'autant plus grande que l'amour-propre était plus en jeu.

« Nous valons bien les chasseurs et les zouaves de la garde, » me disait un matin de Gravelotte un petit fantassin.

Le régiment dont il faisait partie fut écrasé ce jour-là. Et lui, trouva une mort héroïque.

De là, presque sans transition, nous tombons dans le service de deux ans et demi ; nous voyons nos régiments de l'armée active exclusivement composés de jeunes gens imberbes, pâles, à peine formés, écrasés par un service beaucoup plus pénible que celui d'autrefois, dégoûtés dès le lendemain de leur arrivée, grotesques dans des tenues laides et peu commodes, presque honteux de leur situation et aspirant au jour du départ.

Dans notre armée actuelle, les trois quarts des hommes sans exagération, ont l'horreur du métier des armes, car il faut admettre que tous les goûts étant dans la nature, celui de se faire trouer la peau pour la patrie est, en général, peu développé. De là, une mauvaise influence sur le quatrième quart qui se trouve endoctriné et refroidi par une majorité sérieuse.

Le soldat, sans conviction, ne se soumet que péniblement à une discipline qu'il n'admet pas, et c'est ici que nous sommes obligés de constater le côté faible d'une armée qui marche sans crainte de la répression, sans respect de l'autorité. L'insolence se greffe sur la mauvaise éducation, et l'on voit de ces faits lamentables de grossièreté et d'indiscipline dans lesquels l'officier sera toujours une victime, parce qu'il faut toujours donner satisfaction au peuple souverain.

Pour parler des officiers, il faut les partager en deux catégories : l'une, la plus ancienne, comprend les officiers généraux et supérieurs qui ont débuté dans un autre âge et ont connu la vraie vie d'autrefois. Ils ont gardé toutes les vertus que cette vie-là développait. Forcés maintenant de faire des concessions aux exigences nouvelles, ils déplorent le passé si correct, si séduisant, si plein de bons souvenirs, et attendent leur retraite sans impatience, sans amertume, avec une certaine satisfaction qu'ils n'osent s'avouer. Rendus à la vie civile, sans illusion désormais, ils comprennent la grande débâcle, le néant de cette organisation colossale dont ils ont été un atome, et disons-le avec tristesse, aux regrets d'autrefois vient succéder une indifférence très fâcheuse à mon avis.

De la seconde catégorie que dire ? Constatons d'abord la quantité incroyable d'officiers mariés, de pères de famille de vingt-cinq ans, élevés dans un milieu paisible, dans une tranquillité parfaite, se désintéressant de plus en plus du service routinier de la caserne. L'ennui, qui naquit de l'uniformité de la vie militaire actuelle, est combattu par les distractions du dehors ; toute cette génération, à quelques exceptions près, bien entendu, se jette à corps perdu dans le monde, et il est facile de juger quelles sont les tendances de tous ces jeunes en écoutant leurs conversations.

Malgré le dolman chamarré, la moustache relevé à la mousquetaire, j'en ai connu qui tremblaient devant une grève à réprimer.

Il serait trop long d'étudier en détails toutes les causes qui contribuent indirectement ou directement à l'abaissement de la valeur militaire parmi nos officiers, et il faut avouer qu'ils sont presque tous irresponsables de cet état de choses, qui s'est imposé par le fait même de notre organisation et de vingt années d'inaction. Il faut donc, et d'avance, pardonner à tous ceux qui sont de cette génération commencée réellement en 1875.

Mais il est un type d'officier que l'on doit flétrir sans hésitation : c'est celui qui, cyniquement, avoue ne vouloir rien faire.

Je trouve révoltant ce sans-façon de palper des appointements et de se pavaner dans une tenue militaire, quand on passe sa vie en congés, ou à éviter, par toutes sortes de moyens peu avouables, les petits ennuis du service. Sans exception, les officiers de cette catégorie ont une intelligence bornée et, s'il n'en était pas ainsi, on n'oserait qualifier leur conduite.

« Que voulez-vous que je fasse de lui, » me disait un ami sur mon observation au sujet de la liberté qu'il laissait à un officier de son régiment pendant les grandes manœuvres. « Je ne puis lui
« confier aucune mission, son intelligence lui
« ferait défaut. En agissant ainsi, je m'évite proba-
« blement une tuile, il n'est bon que pour l'organi-
« sation d'un dîner, et je l'emploie selon son apti-
« tude. Il en est, ajouta-t-il, qui seraient peu flattés
« de cette distinction, mais lui trouve là une satis-
« faction donnée à sa légendaire paresse et accepte
« sans vergogne cette insulte. D'ailleurs, vous
« savez bien que toute mon amitié pour lui est
« simplement dictée par la reconnaissance de
« l'estomac. »

L'ami qui me parlait ainsi était un de ceux dont le passé et le présent militaires étaient irréprochables, et celui dont il me parlait, un de ceux dont la matérielle intelligence ne pouvait comprendre ce que le droit de porter un sabre doit impliquer d'orgueil et d'amour-propre.

A ces derniers, l'autorité doit dire : « Allez-vous-en, vous n'êtes pas dignes de commander. »

Sous l'Empire et avant l'Empire, l'officier de Saint-Cyr avait, en entrant à l'École, une vocation bien marquée, qui s'affirmait plus encore à la sortie. Ces heureux avançaient rapidement ; en toute justice, on les récompensait des études sérieuses qu'ils avaient faites, des examens subis, de l'apprentissage dur de l'École ; ils formaient la pépinière où l'on venait prendre les officiers supérieurs, les généraux.

En entrant au régiment, ils se trouvaient sans transition, sortant pour ainsi dire du collège, en contact avec des officiers de fortune à l'écorce rugueuse, et se formaient un peu à leur image, prenaient leurs vertus et leurs vices, vouaient leur vie au militaire et préféraient la camaraderie du mess aux réceptions mondaines, les amours faciles au flirtage des boudoirs. Si nous trouvons parfois à redire sur la sobriété et la douceur des mœurs, avouons, pour être francs et français, que nous comprenons mieux un soldat laissant par hasard sa raison au fond d'une bouteille de champagne que beaucoup d'aujourd'hui, dont les estomacs détraqués ne peuvent supporter que de l'eau.

Nous donnons certainement nos préférences à cet officier de jadis, fier de ses épaulettes, de ses éperons d'argent, du sabre qu'il traîne à son côté, et nous dédaignerons les musqués qui attendent chaque jour l'heure bénie où ils pourront endosser le veston à la dernière mode, chausser les escarpins vernis, pour lire dans la tiédeur du salon luxueux le dernier roman paru.

C'est cette loi de la Nation armée, n'excluant que les bossus et les culs-de-jatte, qui nous donne ce recrutement défectueux des cadres; on ne cherche plus une carrière, pas même un métier, on court après le bien-être, cette situation que donne le grade en garnison et en campagne, et nombre d'officiers m'ont simplement avoué cette chose-là.

Il faut aujourd'hui une grande quantité de gradés pour notre imposante garde nationale; pour les réserves on bâcle des listes à tort et à travers, et on les imprime à l'*Officiel*. On distribue des galons à tous, sans distinction, sur la recommandation du dernier député et du plus infime représentant de la république. Nous voyons des officiers, avocats, pharmaciens, marchands de moutarde, cabaretiers, financiers, fumistes, huissiers; toute la kyrielle de robe, de tablier, du panonceau, est admise à la fête.

Le côté grotesque, qui, au début de cette organisation d'armée, avait fait hausser les épaules, n'existe même plus.

C'en est fait des convictions sacrées et des vertus militaires, des vocations qui engendraient des héros; maintenant tout le monde doit l'être.

L'officier de territoriale qui pendant des années de paix aura froissé tous les cotillons de sa garnison, se croira et sera l'égal de celui qui a fait vingt campagnes, parce que, comme lui, il porte un pantalon rouge et des galons d'or sur les bras.

Il y a une autre condition nécessaire à l'existence militaire de l'officier, c'est la vie en commun, l'intimité de la pension, du mess. Cette communion de conduite et d'idées a toujours eu des résultats inespérés, surtout si nous l'étudions dans nos régiments de France. Ce qui manquait en Afrique existe ici ; je veux parler de la distraction au dehors de la fréquentation militaire ; du théâtre, bon ou mauvais, de quelques liaisons mondaines ; de cette flânerie nécessaire là où la foule se porte ; du contact de la vie élégante frôlée ou pratiquée ; des revues brillantes, des réceptions militaires, des défilés ; de tout cet apparat pompeux auquel s'attachait autrefois l'officier et qui entretenait le très louable sentiment d'orgueil de se savoir remarqué, désiré peut-être ! « J'ai connu de belles et honnêtes dames et demoiselles, comme pourrait dire le sire de Brantôme, dont le cœur tressaillait au passage des superbes escadrons. »

Hélas ! toutes ces auréoles sont éteintes ; à l'enthousiasme d'antan ont succédé les quolibets d'un public idiot qui ne sait plus que critiquer l'ensemble en apprenant à connaître les faiblesses du détail ; désormais l'armée est publique. Tout ce qui était bien a disparu, et la caricature, cette dernière arme qui tue sans rémission a ridiculisé à tout jamais la réserve et la territoriale qui sont devenues : les 28 et les 13 jours.

La loi vient arracher les soldats des réserves à leurs métiers, à leur négoce, à leurs occupations, sans égard pour leurs familles et leurs intérêts, qui cependant sont choses à considérer.

Tous les ans le ministre les enrôle par un décret affiché partout, afin que nul n'en ignore. Il choisit d'ordinaire l'époque la plus agréable de l'année, l'automne aimé de tous, des poètes, des peintres, des chasseurs, des touristes, et il faut aller évoluer dans les plaines désormais débarrassées de leurs moissons.

L'armée active qui doit supporter tout cela est dans son rôle et se tait : les réservistes murmurent. Et franchement ils ont un peu raison.

Pendant les périodes dites d'instruction, que d'aventures, que de drames dans la famille; la feuilles comiques ont consacré les unes, les faits divers ont enregistré les autres. Laissons tout cela de côté pour aborder un point autrement grave, celui de la démoralisation, qui résulte du contact de toutes ces réserves.

Jadis, la caserne était fermée aux mauvais conseils extérieurs; on les écoutait bien un peu dehors, après boire, dans les cabarets, mais, à peine rentré au bercail, le soldat, sous l'œil sévère du chef, oubliait vite les conseillers fâcheux; le quartier reprenait sur lui son incontestable influence et lui remettait en tête les bons sentiments. A l'heure actuelle, tout ce qu'il y a de mauvais au dehors vit dans la chambrée. Les anarchistes, les possibilistes, les socialistes de toutes les nuances, les communards, toute la gamme du parti révolutionnaire, mangent le pain de l'Etat et soufflent leurs mauvaises doctrines à l'oreille des naïfs qui perdent peu à peu le respect de toute autorité. Cette propagande est d'autant plus dangereuse, qu'elle se fait sous les yeux mêmes de cette autorité qui laisse dire et faire, craignant, à l'occasion du devoir accompli, les foudres du ministre, une punition disciplinaire du général en chef, les huées du Populo qui, sans motif et par parti pris, insultera toujours quiconque représente un principe honnête.

Je n'ose rapporter ici les honteux propos recueillis dans les casernes, salissant cet honneur militaire qui semblait devoir survivre à tout, et anéantissant l'idée de la Patrie pour exalter les rêves creux de la fraternité universelle.

Quel sera le résultat de tant de choses mauvaises! On hésite à y songer. Ce sera en temps de paix une révolte sourde qui se fera terrible quand il faudra marcher à l'ennemi.

Je plains ceux qui verront ces hontes.

Avant la guerre, les régiments changeaient fréquemment de garnison; il n'était pas rare de voir les fantassins, sac au dos, descendant du nord au midi, courant de l'est à l'ouest, la cavalerie allait de Lyon à Cambrai ou de Strasbourg au Mans.

Ces déplacements étaient, pour ainsi dire, les grandes manœuvres de cette époque. Ils avaient cet avantage d'exercer à propos le jarret du soldat sans le fatiguer, grâce à un service d'étapes très bien compris.

On n'avait pas encore inventé les marches forcées inutiles, les ruids de 100 kilomètres à cheval, les explorations en vélocipèdes; et cependant les hommes de ce temps ont fait les rudes campagnes de l'empire sans une plainte, sans un murmure.

Les changements de garnison, en dehors des exercices salutaires qu'ils procuraient aux troupes, de la distraction qu'ils apportaient dans un congé de sept ans, avait ce résultat bien plus sérieux d'empêcher le soldat de s'acoquiner à sa vie présente. Ces déplacements supprimaient les faux ménages, les liaisons trop étroites, les amitiés trop vives; et à l'heure du départ, sans souci des amours passagères terminées sans retour, tous ces bohèmes s'en allaient la chanson aux lèvres, pleins d'insouciance et sans regrets.

Quantum mutatus ab illo tempore.

Maintenant les régiments sont inamovibles, ou font la navette entre les mêmes garnisons.

Actuellement le recrutement est régional, autre très mauvaise innovation.

Le paysan quitte sa charrue pour s'enrôler au chef-lieu ou dans une sous-préfecture d'un département voisin, à la caserne il est chez lui comme à sa culture, n'a de pensées que pour son sillon qui verdit à quelques lieues de là, pour la fille qui attend sa libération entre les bras d'un autre (ô douces mœurs des champs). Il revoit les camarades de son canton, retrouve le train-train du village et oublie le temps qui passe vite, très vite, dix-huit mois à peine et le voilà rendu à la terre.

Pendant ces quelques mois il n'a rien pris au militaire, il n'a fait qu'effleurer la carrière, et c'est à peine si dans son esprit lourd et entêté il gardera un souvenir de cet exil forcé, de ce service incompris qu'il rend au pays.

Les 28 et les 13 jours reviendront ensuite, ils supporteront sans trop se plaindre ces redevances à la vie militaire, qui seront désormais considérées comme une étape de plaisir ; l'argent péniblement amassé pendant l'année ira se fondre dans les cabarets et les mauvais lieux. A tout ceci, pas de remède, car les mauvais entraîneront toujours les bons.

La réserve qui fait presque partie de l'armée active, peu exercée, indisciplinée, dangereuse elle aussi, est directement commandée par les officiers des régiments ; elle n'a pas une personnalité assez tranchée pour trouver une place dans ces notes rapides ; passons donc de suite à la masse qui éclabousse tout, par le nombre d'abord, par l'outrecuidance ensuite, à la territoriale qui a inventé le cercle militaire à Paris et les bals par souscription à l'Opéra.

Il me semble que cette simple trouvaille d'une grande fête à l'Opéra peint parfaitement toute cette armée, dévoile son tempérament, ses aptitudes et ses tendances. Après le bal masqué, les chicards ignobles, les débardeuses débraillées, les pierrettes étiques et la foule vicieuse des dominos, voici encore la mascarade : toute la territoriale est là, en dolman soutaché d'or, trouvant en dehors des treize jours odieux l'occasion de jouer au soldat. Tous ces saltimbanques se prennent au sérieux et se consolent sous les lustres du théâtre d'être ridicules au quartier; puis, avec les jolies femmes qui ne savent comprendre que propos d'amour, ils parlent des choses militaires qu'ils n'ont même pas entrevues dans l'étude et l'histoire des grandes guerres.

Officiers et soldats, tous, ils sont innombrables ces territoriaux, écrasent le reste de l'armée, la vraie.

Telle ville de garnison qui n'a que 300 hommes de troupes, voit arriver au moment de l'appel du troisième ban 3,000 soldats, et la partie sérieuse, la petite troupe, disparaît dans le brouhaha de ces nouveaux venus que l'on a à peine le temps d'exercer.

Mais la voilà, la véritable armée! celle qui crie haut, qui critique, qui est écoutée, la cohorte des avocats, des pharmaciens, des épiciers qui abandonnent la mélasse pour prendre le sabre du commandement.

Et il faut compter avec elle; lui rendre la main pour qu'elle ne se cabre pas et ne devienne point une redoutable masse, plus à l'aise derrière les barricades que sur le champ de bataille.

La territoriale est une armée dans l'armée; elle a ses chefs, remplis de prétention et d'ignorance, anciens officiers retraités ou démissionnaires, bien à leur place jadis, passant d'un bond aux grades supérieurs auxquels ils ne devraient pas prétendre, et se prenant au sérieux.

Je m'étonne que nous n'ayons pas encore des généraux de territoriale; nous verrons cela plus tard certainement.

Ah! quelle armée nous aurons, si l'état d'attente dans lequel nous vivons vient à durer vingt ans encore; quelle armée, après 40 ans de cette lassitude qu'engendre la paix!

Il me semble voir un régiment en 1910, ce quelque chose de grotesque et d'étrange entrevu et décrit par Robida.

Le plus grand capitaine des temps modernes ; Napoléon Ier, affirmait qu'une petite troupe très disciplinée, aguerrie et maniable valait mieux qu'une grande. Sa vie militaire a longuement prouvé ce fait indiscutable.

Il serait puéril de supposer qu'un autre pourrait faire ce que ce grand génie n'a pu réaliser, et que parmi les généraux que nous possédons, il pourrait s'en trouver un qui soit capable de faire mouvoir deux millions d'hommes. Cette idée est aussi inadmissible qu'extravagante. Et d'ailleurs où donc aurait-il pu se faire la main n'ayant jamais eu plus de 45,000 hommes à mettre en mouvement, et cela sur un terrain connu, minutieusement étudié et après entente préalable avec l'ennemi figuré.

Eh bien, mais alors, que ferez-vous de vos multitudes de soldats si vous êtes dans l'impossibilité de les conduire. Comment sortirez-vous de ce problème si vous avouez qu'il est irrésoluble ? Et en fin de compte, qui, dans la république où tout le monde gouverne et commande, prendra la responsabilité d'un désastre possible ?...

Avant de copier mot pour mot les Allemands, il faut comprendre qu'eux au moins ont un chef suprême dont tout dépend et qui, dans la prochaine guerre, saura répondre des succès ou des revers.

Que résultera-t il de tout ceci ; un état d'expectative indéterminé entre les grandes nations.

L'effroi a saisi tout le monde, un effroi raisonné, ne prenant pas ses causes dans la peur et la lâcheté, mais dans la pensée de l'horrible hécatombe d'hommes que feront les engins nouveaux.

A l'idée de toutes ses horreurs, l'humanité se révolte ; la guerre n'apparaît plus ce qu'elle était autrefois et ce qu'elle doit être encore, un duel légal dont l'adresse et le courage doivent sortir victorieux. Ce n'est plus le combat loyal auquel on allait ganté de blanc, c'est la tuerie sans règles, la poussée d'une invasion sur un pays ennemi ; il n'y a plus de chefs ; c'est la horde en mouvement, innombrable, qui détruit et anéantit tout sur son passage.

L'état de paix durera longtemps, tout le fait supposer, et quand les nations auront constaté que toutes les choses de la guerre absorbent annuellement les deux tiers du budget, pendant que l'agriculture et l'industrie, privées de secours, agonisent et meurent, alors, la grande idée d'un désarmement général s'imposera, et avec l'armée réduite, qui de nouveau offrira une carrière aux âmes bien nées, reviendra la prospérité des peuples, attendue par ceux qui pensent juste et ont le souci du bien-être de la patrie.

A Biskra, je vivais isolé, tout en fréquentant une société militaire nombreuse ; j'étais envahi par cet engourdissement que rien ne saurait secouer. Le cercle absorbait des heures entières de ma vie ; étendu sur une banquette, je rêvassais évitant le mouvement et la conversation.

Quand le soir arrivait et que l'implacable soleil du Sahara avait disparu derrière les Zibans, la vie revenait, et alors pour nous débarrasser de cette torpeur malsaine de la journée, nous allions au quartier des Ouleds-Nayls, nous étourdir au milieu des femmes et du tapage.

C'est là, où mes souvenirs me ramènent toujours ; la poésie de l'oasis et les caresses des belles filles, tout Biskra est là dedans.

La musique barbare du café maure me plaisait, et lorsque scintillaient les paillettes d'or des robes des danseuses dans la salle enfumée, c'était toujours parmi nous un nouvel enthousiasme et un nouveau plaisir.

Halgia était une ravissante créature, un de ces types accomplis qui font comprendre l'idéal. Elle avait essayé de Constantine, mais cette fille du désert ne pouvait vivre qu'au soleil qui rend fou. Un jour, elle était revenue chargée de bracelets d'or et d'argent. Son installation était luxueuse, elle avait apporté là, dans sa petite chambre, tous les cadeaux que ses caprices d'enfant gâtée et de fille irrésistible lui avaient valus. Et presque nue dans une gandourah constellée d'or, elle recevait.

Elle n'était pas ordinaire cette petite Halgia, et quand elle soutenait une conversation à peu près sérieuse, avec une gravité qui ne lui allait pas du tout, elle était aussi charmante qu'aux heures folles où le rire entr'ouvrait ses lèvres rouges.

Je soupais quelquefois chez elle; le menu était invariablement le même et se compoait d'un couscoussou très soigné et de gâteaux au miel, je commandais ce repas chez un spécialiste qui avait une réputation méritée.

S'il est un moment où la femme est à son désavantage, c'est bien celui où sous le coup d'un bel appétit elle se livre à l'exercice de la mastication. Ces contractions de la mâchoire sur un joli visage sont laides, et si le talent de savoir manger existe au monde, il y a bien peu de femmes qui le possèdent.

Halgia était une de ces exceptions, elle s'acquittait de cet acte avec une simplicité et une grâce parfaites, mangeait lentement, par petites becquées, sans bruit, buvait un peu dans une satla d'argent, une gorgée, quelques gouttes seulement d'eau pure à laquelle elle mêlait le jus d'un limon. Puis elle lavait ses mains d'enfant dans une eau parfumée, et la nonchalante fille s'étendait sur ses tapis bariolés et d'une voix très douce fredonnait quelques chansons du désert, un de ces airs monotones et tristes, éclos dans le néant du grand Sahara.

Je traitais Halgia en poupée, riant de ses incartades et de ses colères de petite fille. Elle avait conservé un tempérament sauvage, et ses ongles teints de henné étaient toujours prêts à mal faire. Je dus un jour corriger une impertinence d'un violent coup de cravache qui fit un sillon bleuâtre sur sa hanche; la tigresse alors se réveilla et je dus supporter un assaut terrible où les ongles et les dents jouèrent un grand rôle.

Chaban Ben Rabah était officier de spahis au titre indigène; c'était un beau garçon ayant toutes les qualités des Arabes et tous les vices des Européens, il y avait chez lui l'étoffe nécessaire pour faire un moine ou un brigand. Je l'aimais, pour ce seul motif que personne ne pouvait le sentir ; je comprenais d'ailleurs que ce pauvre garçon avait besoin d'une amitié pour ne pas courir à sa perte certaine. Chaban avait le cœur pris et les poches vides, la belle Fatma l'absorbait tout entier et pour satisfaire les caprices de l'adorée le malheureux se privait de tout.

Je ne puis dire dans quelle misère il vivait, c'était navrant; ni gîte, ni nourriture. Et Fatma qui ne pouvait sonder la profondeur de son amour lui torturait le cœur par ses infidélités de tous les instants.

Cette fille était Kabyle, elle avait ce type accentué et plein de caractère des femmes de la montagne, une de ces figures bizarres qui ne saurait laisser indifférent. Son caftan de velours vert et sa gandourah de soie emprisonnaient un corps de statue. Chaban aimait la forme, en Arabe qu'il était, et ne recherchait chez la femme que cette perfection qui plaît aux sens, sans se préoccuper du côté gracieux que le Français prise avant tout.

Un autre amoureux était sur les rangs; celui-là était fils de grande tente et comblait la belle de louis d'or. De là, rivalité, haine terrible, dont je craignais les conséquences fâcheuses. J'avais bien essayé de faire comprendre à ce pauvre Chaban qu'il était d'une intolérance sans nom, mais j'avais prêché dans le désert, et, à son état d'exaltation entretenu par l'alcool et un estomac toujours creux, je sentais que tout cela devait mal finir.

Une après-midi, j'allai chez Fatma avec l'intention de lui parler de mon ami : un jour crépusculaire noyait la petite chambre ensevelie dans un silence profond. La Kabyle était étendue sur un lit bas recouvert d'andrinople, dans le demi-jour, ces tentures paraissaient presque noires. Elle était nue sous la moustiquaire de gaze. Je m'arrêtai, étonné, abasourdi devant cette créature. J'arrivais l'injure aux lèvres et une cravache à la main pour appuyer mes arguments, et voilà qu'au moment du combat la lâcheté m'envahissait. Je ne pouvais plus trouver une parole de reproche, j'étais fasciné, anéanti. J'oubliais tout, mes bonnes intentions, la vie militaire, les obligations de l'amitié et je n'avais de regards que pour cette femme, qui d'une voix très douce me racontait des choses que je n'entendais même pas.

Quand je conduisis Fatma au café maure, il faisait nuit ; le quartier des Ouleds-Nayls flamboyait et le bruissement de la musique arabe s'entendait de tous côtés.

Sous les lampes fumeuses, les femmes dansaient, les joues rouges, les lèvres ardentes et les yeux allumés, mais je les voyais sans curiosité et sans enthousiasme.

Au fond de la salle, des bédouins silencieux fumaient en regardant les danseuses ; ils avaient des airs de fantômes.

Je rentrai chez moi très tard. Le simoun souflait et me lançait de la poussière à la face, le ciel était obscur, la nuit fut orageuse ; dans mon insomnie je revis encore Fatma la sirène et je pardonnai à Chaban l'exagération de son amour, ne me sentant plus le droit de lui donner des conseils.

Il se fit un grand changement dans notre escadron, occasionné par le départ de notre capitaine commandant et l'arrivée d'un nouveau. De celui qui nous quittait, je ne puis parler qu'en bien ; cet homme possédait les qualités premières du soldat : sang-froid, coup d'œil juste, bravoure à toute épreuve ; ferme et compatissant dans le service, il avait su s'attirer l'affection de ses officiers. J'étais au mieux avec lui, quand nos bonnes relations cessèrent tout à coup pour un motif absurde.

Il y avait alors à Biskra une brave femme, ancienne cantinière de chasseurs, qui était tombée dans une misère profonde : la mère Raclet ne se recommandait ni par son extérieur, ni par la régularité de sa vie. C'était une gaillarde de cinquante ans environ, sale, peu polie, en un mot peu intéressante, Ce vieux débris nous avait suivi pendant l'expédition d'El-Amry ; là, grâce aux avances de notre capitaine la bonne femme avait monté un petit comptoir qui lui avait rapporté quelque argent. Rentrée à Biskra, elle paya ses dettes, et pauvre comme par le passé mais se prenant sérieux, elle loua une maisonnette qui devint la cantine Raclet.

J'appris avec étonnement, un beau matin, que par ordre, nos sous-officiers devaient prendre pension dans ce nouvel établissement. Je n'y avais jamais mis les pieds et je dus un jour y faire une descente, pour mettre en ordre les comptes du cadre Français.

Ce fut en plein midi, à l'heure où Biskra repose, que je fis mon entrée chez la mère Raclet.

Je fus reçu par une jeune fille d'une fraîcheur éblouissante, dans cette température torride, elle était à peine vêtue ; la gracilité de son corps de fillette se révélait sous les tissus légers, et ses cheveux d'un blond doré, tordus au hasard sur le sommet de la tête encadraient un visage délicat et fin. Je lui exposai le motif de ma visite, la priant de me donner les livres de la cantine, puis lui demandai son nom.

« Je m'appelle Rose, me dit-elle, vous ne me
« connaissez pas, mais moi je vous connais bien.
« Je suis ici chez maman. Ah ! ce n'est pas comme
« à Philippeville ; j'en ai assez de ce four-là, de
« votre Biskra et de votre capitaine aussi, vous

« pouvez lui dire qu'il peut se fouiller s'il a des
« poches, etc., etc.... »

Et cette jolie fille épuisa tout le vocabulaire de la Halle dans un interminable monologue.

Je sentais le dégoût m'envahir en voyant cette bouche gracieuse vomir l'injure et la grossièreté. Rose suffoquait de colère, sa gorge était frémissante. Dans ses gestes désordonnés son corsage s'était ouvert, elle découvrit alors d'un mouvement canaille sa jolie poitrine : « Quand on est f... comme ça, cria-t-elle, on ne vient pas s'enterrer ici, dans huit jours je serai partie. »

Cette scène ne me permit pas de pousser plus loin mes investigations.

Je revins dans la soirée et, après avoir rempli ma mission, je revis Rose ; sa colère de midi était tombée. La vieille cantinière était là, sordide, surveillant sa cuisine d'un œil et sa fille de l'autre, ses deux gagne-pain. Rose ne parlait plus, elle brodait une étoffe légère qu'elle appliquait de temps en temps sur son bras nu pour en voir l'effet.

Je demandai un verre d'absinthe, il m'en fut apporté deux, et je vis, avec autant de répulsion que de tristesse, la pauvre enfant avaler d'un trait le poison vert comme l'aurait pu faire un de ces vieux troupiers d'Afrique dont la peau du gosier est aussi tannée que celle du visage.

La fillette disparut un beau matin comme elle l'avait dit ; elle retourna à Philippeville, usant sa vie dans l'orgie crapuleuse avec des matelots ivres.

Elle devint vieille en quelques mois, et au jour de mon départ pour la France je la rencontrai sordide et ridée, ayant toujours de l'obscénité dans les yeux et sur les lèvres.

Cette histoire ne vient là que pour expliquer le dissentiment qui survint entre mon chef direct et moi. Etait-il juste de devenir rigoureux dans le service et désagréable dans la vie privée pour une rivalité de si peu de valeur ! Certes, je ne croyais pas rencontrer dans un homme aussi parfait que X, des sentiments si mesquins.

Dans la grande solitude de Briska une défection de cette nature se ressent plus qu'ailleurs et se raisonne plus froidement.

Tout l'enthousiasme que j'avais alors pour celui qui nous conduisit au danger avec une si incomparable bravoure, toute l'affection que j'avais vouée à ce compagnon de nos fatigues et de nos peines, tout cela s'évanouit en quelques heures, et depuis cette époque, j'ai gardé au fond de moi-même, devant l'amitié, une méfiance, une réserve et une certaine hésitation, qui m'ont semblé désormais être une sagesse dans la vie.

Au pied des montagnes arides qui forment, non loin de Biskra, la ceinture du désert, se trouve une source thermale. Les abords n'en sont pas riants, tout au contraire ; rien n'est sinistre comme ce paysage désolé et nu, bouleversé par les convulsions de la terre. A une portée de fusil de la fontaine l'on rencontre un cratère éteint transformé en un lac profond dont les eaux noires ne reflètent que les hauts talus qui les emprisonnent ; endroit sombre et triste, qui contribue à rendre ces parages désagréables.

Pour moi, cependant, j'y venais volontiers, j'y trouvais l'eau tiède de la source sulfureuse dans laquelle j'aimais à me baigner ; je restais là des heures entières circulant dans la piscine et reprenant des forces. Puis quand le soir venait j'escaladais les roches grises et j'allais voir le désert que j'avais parcouru.

Au soleil couchant, l'infini Sahara prenait une

teinte rose, dans l'est, les hautes montagnes dessinaient leurs dentelures d'un rouge cru sur le ciel bleu. Autour de moi et à mes pieds, l'ombre du Djebel Bourzel noyait tout d'un gris terne que les déchirures des rochers teintaient çà et là d'un noir intense.

Ce tableau merveilleux avait une telle vigueur de tons, des oppositions si surprenantes et si inatendues, et avec cela une lumière si harmonieuse, qu'il m'était impossible de m'arracher à cette contemplation. La nuit m'en chassait, et aussi la musique significative des fauves descendant vers la plaine.

Je vins un jour à la fontaine chaude avec un étranger que j'étais chargé de piloter. C'était un hollandais, jeune encore, un de ces êtres froids et réservés comme le nord sait les produire et qui paraissent toujours emporter avec eux un peu des brouillards du pays natal. Z. arrivait à Biskra et je n'avais pu saisir encore sur ce visage placide l'ombre d'une émotion.

Je le fis monter un soir à mon observatoire et le laissai à ses impressions. Cette figure impassible se transforma soudain en présence de la majesté du désert, et, je crois qu'il oublia la Néerlande pendant quelques minutes : il était muet et tremblant d'admiration.

En revenant au Hammam reprendre nos chevaux, dans ce lieu tout à l'heure solitaire, des rires éclataient de tous côtés, et dans la piscine publique une douzaine d'Ouleds Nayls se baignaient. Elles n'avaient d'autre vêtement que leurs cheveux noirs flottant sur les épaules, et dans la lumière dorée du soir ces corps ambrés avaient une carnation inouïe. C'était une vision de l'autre monde, de celui que le Prophète promet à ses croyants, c'était l'éternelle jeunesse et l'éternelle beauté étalant à tous les yeux sa nudité splendide, sans honte et sans arrière pensée.

A cette vue, mon Hollandais se troubla, à l'admiration de la nature grandiose succéda une émotion facile à concevoir, et ce spectacle auquel nous étions accoutumés lui parut si étrange, qu'il se crut la victime d'une hallucination. Sortant du sein de la civilisation raffinée, pour tomber sans transition dans ce monde primitif qui n'a pas encore compris que la mode veut, que la femme s'habille pour prendre un bain et se déshabille pour aller au bal, cette énormité l'étonnait.

En rentrant à Biskra, l'homme du nord ne se plaignait même plus de la chaleur, et il était désormais sous l'influence de cet énervement, de cette fascination qu'exerce la saharienne. Son départ qui devait s'effectuer le lendemain fut remis à la semaine suivante.

Je dînais un soir avec les officiers du bataillon d'Afrique, quand on vint me prévenir qu'il y avait grand tapage au quartier des Ouleds Nayls et que les spahis se battaient avec la population indigène. Ceci ne m'étonna point, je connaissais le tempéramment impétueux et batailleur de nos hommes ; je pensai toutefois qu'il était de mon devoir d'aller m'interposer dans une rixe qui pourrait devenir dangereuse.

Arrivé dans le quartier galant, je fus surpris et effrayé du bruit qui y régnait. Les spahis, sabre au clair, assommaient les Arabes déguenillés qui étaient dans la rue ; c'était des cris de douleur et des cris de victoire, des imprécations, des injures, des prières ; en un mot une mêlée furieuse et sans nom, un combat de sauvages contre sauvages.

Mon apparition fut un coup de foudre ; la lutte cessa comme par enchantement, et dans l'obscurité des ruelles latérales ce fut une envolée de fantômes blancs qui me fit sourire malgré moi.

La rue maintenant était presque déserte. J'entrai au café Bou Seta afin d'obtenir des renseignements sur la cause de cette bagarre, et je vis avec étonnement et tristesse, ce pauvre Chaban, distribuant avec un sang-froid imperturbable de terribles coups de bâton aux Arabes effrayés qui cherchaient là un refuge.

Alors je compris tout. Ce que j'avais prévu se réalisait, j'assistais au duel gigantesque des deux amants de Fatma, à une bataille rangée, préméditée et dirigée avec rage. J'avais sous les yeux le spectacle extraordinaire de la folie amoureuse qui rend l'homme irresponsable, de ce délire que provoquent les désirs inassouvis de ce spasme irrésistible qui commande aux sens et à l'imagination.

J'essayai de calmer l'énergumène, de raisonner l'amoureux, et d'épouvanter le fou en lui mettant sous les yeux la gravité de la situation qu'il se faisait. Tout ce que je pus dire fut inutile ; l'halluciné ne me voyait ni ne m'entendait, et les coups de bâton pleuvaient dru sur le dos des innocentes victimes d'un accès de rage inexplicable.

Après la défection des spahis, Chaban continuait seul la bataille, recevait des ripostes terribles et luttant toujours.

Dans la rue vaguement éclairée par les lanternes des filles, je regardais cette étrange scène ; seul et impuissant avec ce forcené que l'amour égarait, il me fallait attendre l'arrivée des autorités militaires qui devait mettre fin à ce scandale.

Notre capitaine parut bientôt, le revolver à la hanche, suivi de tous les officiers de la garnison ; en une minute Chaban fut pris, ligotté et conduit sous bonne escorte à la prison militaire. Et puis, après l'effarement de cette soirée, le calme revint et les filles continuèrent à danser dans le café Bou Seta.

L'épilogue de ce roman se passa devant le conseil de guerre de Constantine où je fus appelé comme témoin. Chaban conserva devant le tribunal cet air de fierté qui ne l'abandonnait jamais ; il sut se défendre avec habileté et sur ma déposition peu chargée, le conseil comprit qu'il ne fallait pas faire d'un homme de cette trempe un ennemi de la France ; la peine fut douce, un simple mois de prison.

Les nombreux spahis incriminés dans cette affaire furent relâchés après quelques jours de cachot, très disposés à se battre encore à la première bonne occasion. Elle ne se présenta pas à Biskra heureusement.

Nous voici en automne ; les nuits plus fraîches ont remis un peu de vigueur dans nos corps affaiblis, et le besoin de sortir de l'engourdissement où nous avait plongé la grande chaleur se fit alors sentir. C'est le moment des grandes promenades au dehors de l'oasis. A la fraîcheur du matin les galopades dans le sable blond me charment par-dessus tout. J'étais fatigué du vert éternel de la forêt, de l'ombre épaisse des palmiers, de l'étuve que le soleil ardent de l'été avait entretenu dans le sous-bois. Après avoir recherché l'obscurité il nous fallait la lumière, au sortir de la fournaise il nous fallait du grand air, les caresses du vent du nord qui se rafraîchissait dans le Tell ; et nous partions vers la plaine sans limite, loin des montagnes, pour être enveloppés de ces souffles qui nous faisaient revivre. Dans ce néant l'âme était pleine de sensations bizarres et délicieuses.

C'était d'abord le silence effrayant de la solitude

aride ; c'était encore l'inimaginable panorama que rencontrait nos regards ; c'était enfin, dans l'horizon plein de mirage, le souvenir et les impressions de la colonne terrible et inoubliable à jamais, qui rendait délicieusement enviable le présent.

Les pénibles jours de la guerre, les ennuis, les angoisses, les terreurs et les désespoirs de cette campagne de deux mois nous revenaient à la pensée : là-bas, la fusillade crépitait et le canon tonnait jour et nuit. Nous revoyons tout cela maintenant ; d'abord, l'arrivée de notre petite colonne à Bonchagroun, le veillée des armes, le soir qui précède la première bataille, puis le branle-bas de combat, la colonne en marche dans le soleil du matin qui faisait flamboyer les sabres nus. Devant nous, l'armée arabe, compacte, imposante, qu'il fallait culbuter ; la charge furieuse de nos escadrons, la fusillade de l'infanterie, la déroute des insurgés, le champ de bataille couvert de morts et les prières des mourants qui montaient sublimes de résignation, vers Allah, dans le calme de ce soir-là.

C'était encore nos longs jours de préoccupation en attendant la reddition des révoltés ; les attaques perpétuelles de nos ennemis ; les douloureuses conduites des blessés.

Et nous ressentions tout cela comme dans un rêve, noyés, que nous étions maintenant dans l'immense paix de ce désert que pas un bruit ne faisait vivre.

Quelquefois, nos pensées se portaient vers la France, l'oubliée; vers Paris, le centre connu et aimé de tous, que le brouillard enveloppait en ce temps d'automne si radieux ici; aux boulevards, étourdissants, aux cabarets luxueux, aux amours fugitives de notre vie de sous-lieutenant. Mais le mirage de la grande ville s'évanouissait au spectacle du Sahara, de ces horizons qui se perdaient au cœur de l'Afrique dans les pays inexplorés, pleins d'imprévu et de mystère.

Nous aimions revoir les Zibans et retourner planter la tente dans ses oasis, à Lichana, à Farfar, à Ourlal, à Tolga, à Zaatcha, toutes nos étapes d'El-Amry.

Le soir, près du feu qui brûlait les ailes des moustiques, les vieux Arabes racontaient les histoires héroïques de la conquête. Nous nous taisions, nous les jeunes qui n'avions pas vu ce temps; et puis, nous ne comprenions pas bien ces héros que nous ne connaissions que par les pages sèches et froides des mémoires de notre domination.

Ils prononçaient ces grands noms avec un profond respect, tous ces vieux qui avaient été leurs contemporains.

La chasse, à cette époque de l'année devient possible à Biskra; nous étions loin cependant des exploits de la Smalah et il nous fallait passer, sans intermédiaire, du gros au petit gibier, de la gazelle à la caille. Nous tirions des centaines de cartouches sur ces dernières, sans craindre le garde-champêtre, et dans les plaines du Hodna nos chevaux pouvaient marcher des journées entières sur notre territoire de chasse. Pas d'autre règlement que la fantaisie de chacun, pas même d'octroi pour contrôler nos chances ou nos insuccès.

Dans El Outaïa, une de nos régions de chasse, nous trouvions une quantité de palombes et de tourterelles; ces jolis oiseaux avaient pris possession d'une montagne située à l'extrémité nord de la plaine. Elle était d'aspect bizarre, cette montagne, changeant de couleur trois fois par jour, du soleil levant au soleil couchant, et passant par une gamme de tons très délicats qui variait du rose vif au blanc pur et du bleu d'azur au violet foncé. Elle était aussi fort curieuse au point de vue géologique, constituée d'un amas de sel gemme qui se présentait sous toutes ses formes depuis la poudre blanche et fine qui se sert sur nos tables, jusqu'aux cristallisations massives qui ornent la vitrine du géologue.

Sous le soleil de midi, tout cela étincelait comme en un coin du jardin mystérieux et féerique où Aladin fut chercher la lampe merveilleuse ; comme en une réalité des contes de Schéérazade au sultan cruel qui ne croyait pas à la vertu des femmes.

Je prenais un plaisir tout particulier à escalader cette montagne de sel, tuant autour de moi les palombes grises.

Au sommet, la vue était belle : c'était au sud, la plaine blanche d'El-Outaia que le Djetel Bourzel emprisonnait étroitement les cimes élevées de Beni-Ferrat couvertes de forêts magnifiques : la végétation puissante, exubérante, en face l'aridité sans nom.

Du nord au sud et de l'est à l'ouest, j'avais parcouru tout ce pays, éprouvant partout des sensations différentes et des impressions inoubliables. J'avais admiré les horizons immenses du Sahara et compris sa poésie silencieuse ; mais l'est me passionnait plus encore. Ces belles montagnes, ces futaies plusieurs fois séculaires, ces eaux vives cette sauvagerie bizarre et inculte d'un pays presque inhabité ; ces journées douces et pleines de sérénité passée sous la tente hospitalière de l'Arabe; tout cela est profondément gravé dans mon esprit.

J'en étais arrivé à vouer un culte à ces berbères, descendants directs d'une race vieille comme le monde, et je me sentais, chez eux plus à l'aise, qu'au milieu de notre décadence. Là, j'oubliais tout, les saturnales de la vie politique, les infamies de la vie privée, j'aurais voulu être des leurs, de leur race, pour n'avoir ni vu ni connu les choses de la civilisation, vivre comme eux abîmé dans cette contemplation perpétuelle qui leur est propre et qui ne peut qu'inspirer de saines et grandes idées.

L'étude intéressante que pouvait fournir la comparaison des situations sociales de l'Arabe et du Français ne sera pas développée ici. Elle trouve presque une solution dans cette parole de mon ami regretté El-Haoussin Beu Raoudam : « Il « faut que la nation Française soit bien misérable « pour se laisser gouverner par des hommes comme Crémieux. » Il disait vrai, cet homme fier ; et il se sentait plus grand que nous parce qu'il ne constatait pas de faiblesse dans son passé, pas plus qu'il n'admettait de défaillance dans l'avenir. Il parlait avec orgueil de la grande famille mahométane et avec dégoût de notre peuple avili ; il était éloquent en exaltant sa race, et il me faut l'avouer, je rougissais devant lui, quand avec une justesse de vue suprenante il étalait sous mes yeux les ignominies du régime républicain.

Et dire que ce sont de tels gens que nous avons la prétention de régénérer ! Mais disons-le vite, ils valent mieux que nous, pris individuellement ou dans l'ensemble. Et si, à côté des sentiments élevés de l'orgueil national et de l'amour du sol natal nous trouvons en eux d'autres sentiments barbares et opposés à toute tentative de civilisation, c'est que le prophète qui avait très bien pressenti dans sa grande intelligence l'abaissement progressif de la race humaine, a voulu, en leur inspirant la haine des peuples de l'occident, assurer le plus longtemps possible la grandeur morale de sa nation.

Tout le secret de la loi de Mahomet réside dans ces deux ordres qui reviennent sans cesse dans les pages du Coran :

« Craignez Dieu, et haïssez tous les peuples
« qui vivent en dehors de l'Islam. Ayez un respect
« aveugle pour la religion et l'autorité. »

Tout est là, en effet. Une société ne peut être homogène qu'à la condition d'avoir la même foi et le même respect pour ses institutions. Si ces deux conditions essentielles n'existent pas, c'est une opposition permanente qui entretient, aussi bien dans les relations privées que dans les relations publiques, une zizanie inévitable ; c'est la séparation forcée des castes de la société marchant séparément vers un but insaisissable et fictif ; c'est la porte ouverte à toutes les ambitions et à toutes les spéculations honteuses qui s'appuient sur la fraction ayant passagèrement le dessus.

Quant à cette névrose sociale s'ajoute la lutte contre les croyances religieuses, nous voici dans le gâchis le plus complet, dans l'attentat contre la liberté individuelle qui défend de penser et d'agir, et développe chez l'individu le germe de la révolte.

C'est alors la guerre civile, la révolution, les coups de fusil dans la rue, cet argument suprême des partis qui ne peuvent pas s'entendre.

C'est avec regret que j'abandonne ces considérations suggérées par la comparaison de deux races. A celui qui a pratiqué l'Algérie, de les compléter.

A ceux qui après avoir lu ces lignes me traiteront d'Arabophile, je répondrai simplement : que c'est le seul contact de la nation arabe qui m'a fait comprendre la profonde démoralisation de notre société française.

Il est peut-être ridicule de dire que le niveau moral d'une nation dépend de son état physique, et cependant en regardant les choses de près, rien de plus vrai que cette monstruosité.

Un équilibre parfait dans l'organisation animale à son écho dans l'organisation intellectuelle ; le corps sain fait l'âme saine. Pour arriver à ce double résultat, il n'est pas besoin d'écrire un volume, la nature toute seule fournit le moyen d'y parvenir, en nous donnant le jour pour la lutte et le travail, et la nuit pour le repos, en nous offrant la nourriture pour soutenir le corps et non pour en faire l'objet d'une passion.

Ces choses ne sont pas esquissées pour nos mondaines ; il leur faut à elles, les caprices de la lumière crue des lustres qui fera miroiter leurs diamants ; l'air nauséabond des salons, du fard sur les joues et sur les épaules, des cheveux postiches sur la tête. Il leur faut encore manger dix fois en vingt-quatre heures, depuis les pâtisseries fades du confiseur à la mode, jusqu'aux sauces épicées du souper qui doivent remonter pour quelques heures leurs estomacs détraqués par les fatigues du cotillon.

Mais aussi quel sera le résultat de cette existence contre nature ? Un délabrement général, qui ne laissera plus qu'une corde capable de vibrer, celle de la coquetterie raisonnée, jusqu'à l'heure où le fard n'aura plus raison des rides.

Les résultats lamentables de cette manière de vivre se retrouveront dans une génération maladive et névrosée, qui ira toujours en déclinant et qui produira de tristes individus rachitiques et pâles, vivant entre le cercle où l'on vole et le boudoir d'une fille où l'on s'abrutit.

La vie militaire vient heureusement apporter un remède à cette démoralisation de notre jeunesse; elle nous conserve, avec sa discipline et ses rudes labeurs, quelques caractères et quelques tempéraments, et, disons-le, sans craindre la contradiction, c'est à l'armée coloniale en particulier que nous devons tout cela.

Malgré tout, depuis vingt ans, nous baissons sensiblement; nos jeunes gens ne veulent plus être mousquetaires, ils préfèrent la tranquillité du cabinet particulier aux aventures de cape et d'épée; aux ferrailleurs d'autrefois, a succédé le gommeux qui se déguise en paillasse et présente des lapins savants au cirque Molier.

Quand la noblesse romaine fut assez dépravée pour descendre dans le cirque et assez vile pour se donner en spectacle au peuple, ce fut la fin de l'Empire.

Il est bon de méditer sur ce point.

Regardons en bas de l'échelle sociale, et nous verrons que l'artisan n'est pas plus à sa place que le noble et le bourgeois. Il faut à l'ouvrier du luxe tout comme aux autres, un chapeau haut de forme, une redingote, le cabaret et les filles.

Je vois d'ici l'époque où l'enfant sera considéré

comme une chose inutile et gênante destinée à manger le salaire ; ce sera la fin de notre race par la dépopulation. C'est alors que reviendront, pour la troisième fois, d'au delà du Caucase l'invasion formidable des peuples forts, que Dieu garde dans sa main pour régénérer à son heure l'occident vieilli.

L'Arabe est un contemplatif, amoureux de l'oisiveté mais ne craignant pas la fatigue. Sa grande sobriété lui donne ce tempérament de fer que nous constatons. Il ne boit pas de liqueurs fermentées et se contente de l'eau du torrent ; il vit au grand air sous la tente, couche sur la terre nue, aspire jour et nuit l'air vivifiant de la montagne et ne craint ni la chaleur ni le froid. Son vêtement est simple, pratique, laissant au corps le droit de se développer librement.

Dans de telles conditions, la santé est robuste, la maladie a peu de prise, et la vieillesse ne présente pas ce caractère de décrépitude qu'il est souvent si pénible de voir chez nous.

Vivant de la sorte, l'Arabe a des passions que nous n'avons plus ; il est galant jusqu'à la témérité, batailleur, entreprenant, audacieux, il n'a aucun souci du danger. S'il faut beaucoup attribuer ces vertus chevaleresques au fatalisme qu'inspire la religion mahométane, il faut aussi admettre que dans l'âpre vie de ces hommes-là, ces qualités qui nous manquent leur sont une sorte de distraction ; c'est leur manière de comprendre l'existence, de lui donner du piquant, de l'imprévu, et de la charmer.

Il faut constater dans nos escadrons de spahis célibataires bien des défauts dont il n'est pas fait mention dans ces souvenirs, mais, je fais remarquer en passant que ces défauts ont été pris à notre contact, et je déclare que les ennuis qu'ils m'ont causés étaient largement compensés par une bravoure à toute épreuve et un dévouement que j'aurais en vain cherché dans nos troupes de France.

L'hiver arrivait, du moins sur le calendrier, car à Biskra cette saison n'existe pas. Une température délicieuse avait succédé aux chaleurs intolérables, c'était notre été de France, une brise légère de juin qui soufflait dans les palmiers ; c'était la détente, le bien-être, le retour à la vie.

Quelques Européens vinrent nous visiter, quelques-uns seulement, car le touriste en général, et le Français en particulier, recherche comme but de son voyage un point d'un accès facile où l'on puisse rencontrer bon gîte et bonne nourriture. Souvent le but de ce voyage, caprice que la fortune impose, n'est autre que la satisfaction de faire au retour d'émouvants récits sur une promenade au cours de laquelle rien n'a manqué.

Biskra n'offrait aucun confort à l'époque de notre séjour ; pour y arriver il fallait se contenter d'une voiture détestable, découverte la plupart du temps, supporter un postillon grincheux et taciturne, patienter sans se plaindre les longs arrêts qu'il lui plaisait d'imposer ; enfin l'hôtel du Sahara était un établissement de dernier ordre, on ne trouvait là que des lits défoncés et une nourriture impossible.

Le propriétaire de cette auberge avait les plus ravissantes filles que l'on puisse rêver, l'une d'elles surtout, Elisa, avec ses cheveux d'or, ses yeux noirs, son visage exquis valait à elle seule le voyage ; mais tous ne partageront pas notre manière de voir.

J'ai rencontré bien des types de touristes à Biskra ; j'en ai connu qui venaient là par pose, et qui, à peine arrivés, n'avaient que le désir de repartir. Que dire de ceux-ci ; mon rôle d'introducteur dans cette vie originale chez le Saharien n'avait plus sa raison d'être, je pensai alors que ces gens n'ayant rien à voir et encore moins à faire, je pouvais me dispenser de les fréquenter et de coudoyer leur sottise et leur vanité.

Ces réflexions naïves me furent suggérées par la connaissance d'un de ces imbéciles qu'un de mes camarades de Constantine m'avait recommandé. Ce garçon était Parisien, mais Parisien renforcé ; il avait eu son heure de célébrité dans le monde des boudoirs, et quelques journaux de Paris crurent même devoir lui consacrer un article à la suite d'une aventure tragique.

Au bout de deux heures de promenade, je fus effrayé par ce produit de la capitale, abruti par cette sottise prétentieuse qui ne voyait rien et qui ne voulait rien voir. Je le lâchai ignominieusement dans la soirée, heureux de reprendre ma liberté. A minuit en arrivant au cercle, je le retrouvai bâillant devant une tasse de thé et racontant à un ivrogne ses aventures galantes ; le vide s'était fait autour de ces deux poivrots. Le touriste partit le lendemain, n'emportant d'autre souvenir de Biskra qu'un violent mal d'estomac provoqué par la saoulerie crapuleuse du seul jour qu'il y fut resté.

Un de mes camarades de Smalah me recommanda une autre fois un jeune Autrichien qui voyageait depuis deux mois en Algérie. Ce jeune homme de vingt ans, issu d'une des plus grandes familles de Vienne, possédait un esprit délicat qui lui fit apprécier de suite ce qu'il fallait voir. Il voyageait avec un crayon, pour noter ses impressions très vivement senties, et un fusil pour satisfaire ses goûts sportiques et sa passion pour la chasse. Ce grand seigneur se trouvait bien partout ; parlant avec une simplicité charmante du confortable qu'il rencontrait en Algérie, analysant surtout, dans une conversation fort agréable et avec une justesse surprenante, ses sensations de voyage. Je n'oublierai jamais nos relations de quelques jours, regrettant de n'avoir plus jamais retrouvé sur ma route cet aimable et sympathique compagnon.

Nous eûmes aussi la visite de quelques touristes féminins, et, à la louange du sexe gracieux, je dois dire qu'elles étaient charmantes.

La femme qui voyage par goût est en général bien supérieure à l'homme qui se trouve dans le même cas ; il y a chez elle une manière d'envisager les choses, une originalité et quelquefois une intelligence que nous ne rencontrons que rarement chez les hommes, la femme sent plus vivement les impressions, les analyse avec plus de finesse, et si elle met dans ses appréciations moins de philosophie et moins de science, elle y apporte en revanche plus de tact et de délicatesse ; le côté poétique de toutes choses, cette note si nécessaire et qui donne tant de relief à tout, n'échappe jamais à la femme, et sa conversation charmante plaît toujours, quoique souvent fantaisiste et exagérée.

J'ai guidé deux jolies touristes ; leurs noms importent peu. Etranges l'une et l'autre, insaisissables, capables de vous faire glisser sur une pente scabreuse, capables aussi de vous imposer une respectueuse réserve.

Ce rôle de cicérone qui commençait le matin pour finir très tard, au pied du lit de la chambre d'hôtel, tous les incidents qui émaillent une journée d'excursion, les escalades à deux dans les rochers, les corsages déchirés aux ronces du sentier, les chutes indiscrètes, tout cela me troublait profondément ; cette double épreuve me parut suffisante, j'abandonnai donc la conduite des dames à un de mes camarades, d'un tempérament froid, sérieux et surtout timide.

Je ne puis oublier deux visiteuses d'une autre catégorie ; deux chanteuses de café-concert qui vinrent se fourvoyer à Biskra et nous proposer une représentation. C'était je crois la première fois que le Sahara entendait la gaudriole française, et ce fait, vu sa rareté, vaut bien ici un souvenir.

Le répertoire idiot, quelquefois drôle mais toujours grossier du café chantant, fut applaudi ce soir-là ; les artistes, puisque le mot est consacré, étaient assez laides, et pour faire oublier le visage, profitaient d'ailleurs de la grande liberté qui régnait à Biskra et en particulier dans notre cercle ; elles se présentaient dans un déshabillé des plus complets, maillots roses et semblants de corsages qui découvraient odieusement leurs appas fanés.

Ce fut une soirée extravagante et d'un mauvais ton complet.

Emoustillées par de copieuses libations, ces femmes oublièrent bientôt leurs rôles pour circuler au milieu des tables et laisser un peu partout des lambeaux de leur costumes. Vers deux heures du matin, ivres et presque nues, elles regagnèrent en titubant leur chambre à l'hôtel.

Le lendemain réveillées très tard, elles constatèrent au grand jour, l'état lamentable de leurs maillots roses et des corsages de satin.

Cette noce de bas étage, digne de condottières, ne fut pas renouvelée.

Notre réunion fut cotée ce qu'elle valait, et les artistes comprirent que loin des yeux sévères des grands chefs, qui sont obligés d'être moralisateurs par ordre, il est imprudent à des femmes seules de venir faire de la musique dans un cercle d'officiers de l'armée d'Afrique.

La fraîcheur du matin nous engagea à refaire du service militaire, un peu de cette manœuvre séduisante pour le badaud qui aime à voir évoluer et charger les escadrons.

J'admet et trouve nécessaire cette fantasia correcte que nos régiments de cavalerie exécutent au commandement ou à la sonnerie des trompettes. Il faut habituer le troupier aux mouvements qu'il doit faire dans un combat, il faut même leur rabâcher ces mouvements, afin qu'au jour de la bataille quand les têtes seront troublées par la voix du canon, ils arrivent à évoluer machinalement, mais avec précision. Cependant pour entretenir la bonne humeur du soldat, lui donner sinon le goût, au moins l'habitude de ces exercices, il est à propos de varier l'instruction.

Des mois entiers sont consacrés à reproduire les mêmes mouvements sur le terrain de manœuvre ; maintenant surtout que la tactique régimentaire est simplifiée, ces escadrons et pelotons à droite et à gauche constituent un travail d'une monotomie désespérante. Par expérience, je puis affirmer que le goût du métier des armes s'en va en travaillant de la sorte. C'est la routine qui tue le sentiment militaire. Si pendant les quelques jours de grandes manœuvres qui se présentent chaque année, l'on sort un peu du train-train habituel, constatons encore ceci, c'est que le côté intéressant de ces simulacres de campagne échappera au plus grand nombre, ils continueront à faire pelotons à gauche et à droite, sans qu'il leur soit fait la moindre conférence explicative.

Les grandes manœuvres sont organisées par les généraux qui, usés par de longues années de paix, se contenteront la plupart du temps d'exécuter des mouvements brillants, qui réussiront toujours devant des canons chargés à poudre et des fusils sans balles.

Tous les ans à la fin des opérations, la société d'administration mutuelle qui compose la tête de notre armée, que personne ne dirige, fera de volumineux rapports pour démontrer que les manœuvres exécutées l'année précédente en Allemagne, ont été copiées fidèlement en France cette année. Franchement, c'est là un piteux résultat.

Pour nos spahis, tous ces mouvements d'escadrons étaient inutiles, et ayant égard à la grande indépendance de l'Arabe qui aime à guerroyer pour son compte, il est facile de comprendre que l'alignement d'un front de bataille lui semblait une niaiserie.

Notre capitaine qui sortait des magasins de l'habillement et qui, comme toutes les spécialités, avait des idées très arrêtées sur la funeste manœuvre, ne l'entendait pas ainsi. Pendant plusieurs jours, ce fut une orgie d'alignement ; il aurait voulu arrêter les burnous dans leur flottement pour les mettre au même niveau. Il ne put y arriver, et se heurta contre des habitudes de race, voyant toujours revenir la fantasia, l'éternelle fantasia.

Il est difficile de se transformer du jour au lendemain ; R. qui sortait du recueillement du bureau n'avait pas eu encore le temps de se faire à la vie plus active du commandement d'escadron. Bon, serviable, gai, ayant bon estomac, partant bon caractère, parfait en un mot, notre chef était légèrement vaniteux. C'était une très petite tache au milieu de ses nombreuses qualités, un défaut anodin qui nous amusait. Dans la fumée de sa cigarette et en tête à tête avec quelque boisson fraîche et succulente, il prenait des airs de capitan et nous racontait des histoires terribles dont il avait toujours été le héros. Tous les soirs après les récits émouvants c'était la débandade des projets de travail pour le lendemain : service en campagne, départ trois heures du matin, soixante-dix kilomètres d'une seule traite pour entretenir les chevaux en haleine, ou bien manœuvres transcendantes, rapports volumineux, conférences, etc., etc., etc.. Mais le sommeil peuplé de rêves charmants, la quiétude de la petite chambre, la chaleur tiède du lit, toutes ces douces choses avaient raison des grands projets de la veille, et invariablement, un contre-ordre arrivait à l'heure du travail, les quelques jours d'alignement irréalisable lui avaient suffi. Cependant, au déjeuner R. était le premier assis, frais et souriant, ne parlant jamais de la matinée, mais cherchant encore quelque ordre à donner le soir pour le lendemain matin.

La saison avancée a rendu notre mess assez agréable, nous prenons nos repas dehors, au bord du ruisseau, sous le feuillage admirable des bananiers ; l'appétit revient avec cette douce température d'hiver, et l'existence eût été délicieuse sous ce soleil qui ne se voile jamais, si la vie en commun n'eût été imposée.

Le capitaine en second de l'escadron de Biskra entretenait à lui tout seul la mauvaise entente parmi nous. J'avoue que je n'ai jamais pu comprendre cet impossible caractère ; longtemps je me suis demandé si ce n'était pas un excès de pose qui provoquait ses fantaisies, et si réellement il pouvait y avoir au monde un esprit plus mal tourné. L'avenir me démontra que cette originalité malsaine provenait d'un moral profondément troublé, par le climat peut-être, mais plutôt par un mauvais naturel qui prit subitement le dessus. C. finit en prison après avoir commis d'épouvantables méfaits, et celui que nous avions connu d'une si admirable bravoure aux plus dures heures de la guerre, n'eut pas le courage devant la honte et l'ignominie de mettre fin à ses jours.

A mon tour, je fus chargé pendant un mois de nourrir mes camarades. Ces fonctions ne m'allaient pas du tout, appréciant peu les mets fins et n'entendant rien à leur confection, je m'en rapportais entièrement à notre chef, qui en prit très à son aise pendant les quelques jours que je restai en fonction. Ses menus étaient lamentables, je le confesse, et les mets détestables ; je recevais reproches sur reproches, et constatant moi-même qu'ils étaient justes, je me taisais, attendant patiemment la fin de ma corvée. Dieu merci, deux aventures vinrent y mettre un terme et porter à son comble l'exaspération générale. Ce fut d'abord une tête de veau présentée avec des cornes d'un pied de long ; puis un salmis de canards pris dans la basse-cour. Je pensais que cette dernière trouvaille ne devait me procurer que des éloges, je me trompais. C., le capitaine grincheux, m'entreprit à ce sujet d'une manière si violente en m'accusant de gaspiller le matériel de la popote, que je fus obligé de sortir de mon calme habituel. Une scène très vive et aussi très regrettable s'ensuivit et mit certaines haines particulières en plein jour. D'un coup je jugeai mon entourage.

Inutile d'ajouter que je rendis immédiatement mon tablier.

En cette circonstance, je fis la remarque qu'en toute chose il y a une limite, un summum, un point culminant après lequel il faut redescendre. Après tous ces mauvais procédés, toutes ces vexations, ce fut le rire qui revint, le rire gai provoqué par des incidents comiques, puis le rire de pitié lorsqu'il fut démontré que nos voisins s'égayaient à nos dépens. A force de chercher le mal on en était arrivé à tomber dans l'enfantillage, le bon sens n'existait plus dans nos manifestations antipathiques. D'abord, chacun vint au mess accompagné d'un ou de plusieurs chiens, mais il fallait renchérir sur cette innovation qui fut vieille le soir même de son éclosion, et, dès le lendemain, les chiens furent amenés mouillés et couverts de boue. Le surlendemain ce fut un envahissement de mauvaises odeurs, la boue ne suffisait plus. Pour mon compte, je désertai la table en riant et j'allai prendre pension pendant quelques jours à l'hôtel du Sahara, oubliant dans le babil et la contemplation des délicieuses filles de l'hôtelier, tous les ennuis de notre popote de cavalerie.

L'ordre du départ vint à propos couper court à toutes ces scènes de mauvais goût ; il nous chassait brutalement de Biskra. Pauvres spahis ! n'étions-nous pas faits pour toutes les corvées, et après nous avoir laissé rôtir ici en été, on nous envoyait geler dans les montagnes de Batna pour donner notre place aux chasseurs d'Afrique. A peine le temps de boucler nos valises, et en route.

En tête de l'escadron la nouba arabe grinçait ; et les burnous au vent, nous repartîmes toujours errants, toujours sacrifiés, mais toujours contents.

Pendant cette marche de cinq jours, R. prit son rôle de commandant en chef au sérieux ; les étapes qui auraient pu être fort agréables furent exaspérantes et maussades. Dans la plaine aride et déserte, il nous fallait marcher alignés comme au retour d'une revue d'inspection et à travers les rues d'une cité populeuse. La voix de stentor du capitaine formulait des commandements prodigieux, capables de faire mouvoir une division entière.

Pour former le camp c'était bien autre chose, tout se faisait mathématiquement, comme en comptabilité, et donnait lieu à des applications étonnantes du système métrique; toute la journée les ordres pleuvaient pour le passé, pour le présent et pour l'avenir. Le soir, très las, R. reprenait devant la table du dîner sa figure de bon enfant, et le service militaire qui depuis l'aurore absorbait nos pensées et nos loisirs s'en allait en fumée dans la douce ivresse que procuraient les vins généreux et les liqueurs exquises de France.

La région entre Biskra et Batna est intéressante et pittoresque à parcourir. Intéressante par son aspect géologique curieux entre tous, par son système orographique, véritable dédale qui ferme hermétiquement l'accès du désert.

Pittoresque, par ses montagnes roses sur le versant sud, et noires sur le versant nord, par son incomparable défilé d'El-Kantara, la sauvagerie ou la beauté de ses paysages, la variété et l'intensité de ses tons enfin par le passage sans transition de la tristesse du désert à l'épanouissement des cultures.

Après El-kantara, la plaine reprend son alluvion profonde, la verdure reparaît, l'activité intelligente se manifeste, on a sous les yeux une terre toute française, et au seuil du Sahara, le joli village d'Aïn-Touta apparaît tachant de blanc et de rose la campagne toute verte.

La colonie est abritée des vents mauvais du sud par le Djebel-Teggour, et la chaîne qui court dans le nord-nord-est l'abrite encore des rafales glacées qui soufflent de l'Europe. Une rivière lente traverse toutes les cultures, les fertilisant sur son passage ; elle s'est creusé un lit profond dans la couche épaisse de terre végétale qui recouvre la vallée, ses eaux sont très pures, elles descendent de la montagne et forment près de leurs sources des cascatelles charmantes qui chantent sous les grands arbres. Ce paysage est un des plus gracieux que j'aie jamais vus.

Tout cela, hélas, n'était vrai et n'était beau que

de loin. Aïn-Touta était à cette époque une colonie misérable peuplée d'êtres paresseux et débauchés. Plus de travail, plus d'argent; c'était au village une misère noire cherchant le remède et l'oubli d'une si pauvre existence dans l'ivrognerie crapuleuse. C'était du matin au soir des batailles, des scènes sans nom; et puis, la prostitution, ce honteux et dernier trafic, devint une chose toute naturelle; vieilles et jeunes se livraient avec le même cynisme. Nos spahis se battaient pour aller porter le courrier hebdomadaire de ce village.

La tentative de colonisation rêvée par le comte d'Haussonville, après la guerre, ne donna que de mauvais résultats; l'idée était généreuse, grande, admirable même, le but à atteindre sérieux; mais l'élément indispensable, les hommes, manquèrent dès le début de l'application de cette œuvre philanthropique.

On s'adressa d'abord aux Alsaciens et aux Lorrains ruinés par la guerre de 1870, puis, à ceux qu'un patriotisme exagéré fit partir volontairement du pays conquis. Quant à ces derniers qui fuyaient avant tout une misère dont ils ne voyaient pas la fin chez eux, j'avoue que je ne les ai jamais considérés comme des patriotes très sincères. J'ai eu en effet l'occasion de constater dans la population de notre frontière un sentiment plutôt allemand que véritablement français; ce qui s'explique bien du reste, étant donné que ces gens-là parlent la langue allemande et ne comprennent pas la nôtre et qu'ils sont alliés avec nos voisins les Prussiens :

« Surtout si vous allez à Sarrelouis et à Trèves, « me disait une femme de Teterschen, épargnez « mes enfants qui y sont mariés. »

Les émigrants pour l'Algérie furent donc recrutés parmi ce qu'il y avait de moins recommandable, tous misérables, tous paresseux. D'autres sortaient des fabriques et avaient cet esprit frondeur qui caractérise l'ouvrier industriel; ils travaillaient avec le concours de la vapeur, de la machine qui font la besogne pénible et fatigante, mais ils étaient incapables de travailler seuls. Le grand air les grisait, habitués qu'ils étaient à vivre dans l'air lourd et empuanté de l'atelier. Et enfin ils ne pouvaient du jour au lendemain se transformer en agriculteurs.

Cette dernière considération devait être prise au sérieux, personne n'y songea. On n'ignore pas cependant le temps et le travail qu'il faut pour connaître la terre et acquérir cette pratique, qui devient une habitude et permet à des individus, peu intelligents en général, de devenir de bons ouvriers.

Malgré tout ce que fit la société trop paternelle en toute occasion, les colons trouvèrent le moyen de mourir de faim lorsqu'ils ne reçurent plus l'allocation journalière fournie pendant la première année, et l'on vit alors toute la colonie cultivée par un seul, qui se fit le fermier de tous, entretenant le village par son travail tout en commençant à se créer une fortune.

La colonie d'Aïn Touta proclama une fois de plus cet éternel axiome, que la volonté et le travail auront toujours raison de la paresse et de la débauche et que la grande question sociale du partage des biens, de la fortune égale, qui avait presque son application dans cette sorte de phalanstère, n'est réalisable que pendant vingt-quatre heures, et encore...

L'égalité ne peut exister que devant la loi, mais là même, souvent, il n'en est rien : Pranzini, homme vulgaire, est condamné à mort sans qu'il soit fourni une seule preuve du crime dont on l'accuse. Mme Clovis Hugues, femme de député, qui assassine en plein palais un huissier, sans motif sérieux, est acquittée.

Maintenant, la justice radote, tremble, tombe en enfance, n'a plus son libre arbitre ; elle est, comme le pays, en lisières, incapable de faire un pas en avant de sa propre autorité, de prendre une décision honnête. Toutes les administrations sont vendues, tous les ministères font des faux, et au-dessus de toutes ces infamies, une majorité criminelle déclare que sous la République qu'elle impose, les choses doivent être ainsi et que tout va bien.

Dans l'après-midi, j'allai au village avec l'intention de revoir la Smalah, qui n'existe plus pour nous. Ce poste militaire, enlevé au régiment de spahis qui y détachait un escadron, était nécessaire. Par sa position, il surveillait et défendait la route de Biskra, ce grand débouché des incursions du Sud; il assurait surtout dans cette région fertile, un peu déserte, une sécurité indispensable à la colonisation. Cette idée ingénieuse d'un des premiers gouverneurs de l'Algérie avait, dans les constructions de smalahs, une demi-application; ces postes étaient destinés à former, comme nous l'avons dit, les noyaux des villes et des villages que la pacification devait faire éclore dans tout le pays conquis.

Aïn Touta abandonné était toujours le même, avec son bordj et ses grands arbres; le village s'étendait sous ses murs et les maisons maculées de boue étaient prématurément vieilles; ces constructions neuves avaient déjà un air de décrépitude; les intérieurs en étaient sales, des odeurs fades flottaient sur toute cette misère, et par les portes entr'ouvertes des bouffées d'air vicié, des exhalaisons d'alcool et d'absinthe, venaient prendre le passant à la gorge. Hommes et femmes, les bras balants, le visage flétri, le regard stupide, venaient sans honte tendre la main à l'étranger, dédaignant l'aisance qu'on leur offrait en échange d'un peu de travail.

Je revins au camp, traversant les terres fécondes. Les blés naissants mettaient autour de moi une verdure fraîche et veloutée qui s'en allait en pente douce rejoindre le pied de la montagne; dans l'est, reparaissait le flanc des collines pierreuses qui s'étageaient jusqu'aux cimes de l'Ohrez. Ce passage très calme était attrayant, pour moi surtout qui sortais de l'aride désert et qui retrouvais là un peu de la couleur natale, un coin de la séduisante et plantureuse Normandie.

Le camp était plein d'activité sous la surveillance du capitaine commandant assis au milieu du carré. C'était l'heure du pansage des chevaux ; les spahis en blouse, la tête enveloppée du haïch de mousseline blanche, travaillaient en chantonnant ; les sous-officiers, la chéchia sur l'oreille, se promenaient devant leurs pelotons, ne surveillant rien, les yeux perdus dans l'horizon, les pensées loin du service, se grisant de cette vie de grand air qu'ils aimaient follement. Les comptables, le crayon à l'oreille, les paperasses sous le bras, allaient de la tente du chef à la chaise du capitaine ; pendant le repos, l'officier d'habillement reparaissait et après l'alignement des chevaux venait l'alignement des chiffres ; c'était, après la manœuvre, les états, les bordereaux, le papier ; enfin, le rond-de-cuir après la selle. En dehors du camp, sur le front de bandière, les feux des cuisines lançaient dans le ciel leur fumée blanchâtre, et au delà de toute cette activité, quelques Arabes immobiles, accroupis sur le rocher, regardaient ce déploiement militaire, silencieux et tristes, sentant leur indépendance s'échapper tous les jours.

J'éprouvais une grande satisfaction devant ce tableau, un sentiment très vrai d'amour-propre en contemplant les hommes que je commandais. L'armée m'apparaissait belle et resplendissante comme je l'avais rêvée autrefois sur les bancs du collège, comme je l'avais vue en 1870 à Metz, et plus tard, à El Amry. A cette époque, il y avait encore en Algérie un peu de cet esprit militaire qui fait la force d'une armée et la grandeur d'un peuple.

Ce n'était pas encore la garde nationale, c'était toujours le courage désintéressé, modeste, le devoir accompli par conviction, le temps où les officiers allaient au feu gantés de blanc, où les soldats étaient irréprochables dans leur tenue.

« Vous mettez donc vos chasseurs dans une boîte ? » disait un jour de Borny, un général, au colonel du 2ᵉ chasseurs d'Afrique. « Non, répondit ce dernier, mais ils sont toujours ainsi quand ils doivent aller au feu. »

Nous sommes loin de cette époque ! et j'affirme que la brève conversation que je viens de rapporter ne s'entendra jamais plus. Tout cela a vécu.

Nous avons une armée innombrable, mais une

armée laïque, suivant la parole heureuse de je ne sais plus qui.

Le soldat par tempérament, l'homme d'épée, est noyé dans l'océan du service obligatoire, relégué au dernier plan en temps paix, éclaboussé, flétri par les gens de robe et de plume qui déshonorent la carrière des armes.

Quels spectacles curieux et tristes nous réserve la prochaine guerre, et quelles leçons terribles seront données à la vanité et à la sottise des peuples qui ont rendu, contre tout bon sens, le service militaire obligatoire pour tout le monde.

Le trompette de service me rappela à la réalité avec la sonnerie du dîner.

Sous la tente largement ouverte dans la direction du soleil couchant, B. prit sa place au centre de la table, enveloppé d'un nimbe d'or. Entouré de ses officiers, qu'il aimait parce qu'il avait en eux une confiance absolue, il quitta sa figure de service et reprit, devant les odeurs savoureuses de la cuisine, son sourire naïf et plein de bonté.

Au café, après quelques petits verres d'une fine champagne exquise, étendu dans le pliant confortable et voilé par la fumée de son cigare, il nous fit encore des récits effrayants de la campagne de la grande Kabylie; il nous raconta des histoires à faire dresser les cheveux sur la tête, à donner le cauchemar.

Mais nos imaginations étaient blasées par les récits antérieurs, un sourire sceptique éclairait nos visages pendant que celui de notre héros s'enflammait et se congestionnait au cours de l'improvisation, et des petits verres de cette fine champagne exquise tant appréciée.

Chacun de nous, à la nuit close, rentra dans sa tente. Il faut dormir de bonne heure en route, car les matinées sont fortement écourtées et commencent souvent avant le lever du soleil.

Et puis, dans le calme de ces campagnes silencieuses, l'évanouissement qui plonge dans le sommeil est si agréable que volontiers, après avoir constaté pendant deux heures la nullité humaine, il semble bon de s'envoler vers le monde du rêve, le seul qui ne laisse pas de regrets.

V

A BATNA

V

Batna nous revit après une année d'absence. La petite ville était toujours ce que nous l'avions laissée, riante, paisible ; mais nous y retrouvons l'hiver, et les grands souffles glacés du nord, poussant devant eux de lourds nuages gris chargés de pluie et de grêle qui crevaient sur la campagne toute verte déjà.

En dehors du service qui nous reprit fatalement, la chasse fut poussée avec une grande activité ; ni remontrances ni menaces ne purent supprimer cette passion, et pendant le mois que notre colonel passa en France, il fut impossible de mettre la main sur nos personnes, au grand désespoir du chef chargé d'entretenir en nous le goût de la théorie.

Pour mon compte, j'étais parti dans les forêts

de l'Horez avec un ami. Pendant trois semaines, ce fut une course extravagante dans ce pays, perdu et sauvage maintenant, qui fut, il y a plusieurs siècles, le témoin d'une civilisation avancée.

Nous trouvions partout des vestiges de l'époque berbère auxquels, malheureusement, notre ignorance ne nous permettait pas de nous intéresser.

Cette partie de l'Algérie est unique dans son genre; elle demanderait une description détaillée faite et traitée du reste par des savants; nous n'avons donc plus à y revenir. D'ailleurs, nous ne pouvons apprécier que le côté pittoresque de ce pays, et ce voyage de vingt jours nous entraînerait trop loin.

Une rage mondaine, une véritable épidémie s'empara encore une fois de Batna. On ne rencontrait plus qu'officiers en grande tenue, gantés de blanc, allant sonner aux portes des fonctionnaires.

Comme les autres, j'endossai mon dolman des grands jours et j'allai faire aussi des visites. Je n'eus pas à m'en plaindre, car ce fut pour moi une occasion de faire une intéressante étude sur la pauvre espèce humaine.

Que de vanités, que de misères, que de faiblesses étala devant moi cette bohème mondaine qui voulait jouer au grand monde sans en avoir les moyens ni les aptitudes! Je restais rêveur devant ces toilettes élégantes, achetées au prix de privations sérieuses, qui recouvraient des dessous douteux ; devant ces bijoux en toc qui soulignaient toutes les prétentions ; et j'étais mal à mon aise en présence de toutes ces minauderies de mauvais ton, de ce je ne sais quoi de théâtral qu'ont inventé les gens communs pour remplacer un défaut d'éducation.

Au milieu de tout cela et comme un couronnement nécessaire à cet état de choses, la femme légère revenait toujours sur l'eau. Après avoir endommagé la couronne de fleurs d'orangers aux ronces du chemin de la vie, l'épouse avait toujours au cœur le souvenir des amours passées et l'espoir des bonnes fortunes à venir.

A la suite de cette série de visites, on organisa des parties champêtres, des déjeuners sur l'herbe, monstrueux, pantagruéliques. Là les femmes ne minaudaient plus, elles étaient en dehors de leur salon, et l'éducation première, la vraie, l'éducation d'habitude revenait au galop.

Ces pique-niques étaient vraiment drôles, pour nous surtout qui avions toujours la gaudriole en tête ; conversations et manières, tout était rabelaisien. C'était l'épanouissement d'une grosse joie de vivre qui se manifestait, spontanément éclose, dans le soleil éclatant et dans cette tiède température du renouveau qui met des œufs dans les nids.

Le champagne aidant, dans les vapeurs d'une légère ivresse, les chapeaux inclinés sur l'oreille, les robes froissées, toutes les femmes s'abandonnaient à la vie animale. Je revois encore les parties de quatre coins dans la prairie, sous les arbres séculaires ; l'envolée des mollets sous les jupes retroussées, les chutes imprévues ou calculées étalant les blancheurs et les broderies des dessous ; et au milieu de tout cela, l'éclatement des rires frais qui épanouissaient des visages charmants barbouillés de rouge par le grand air et le plaisir. C'était encore le chat perché, autre occasion de faire un peu de coquetterie et de rire beaucoup ; enfin la danse, l'éternelle danse, la valse lascive ; et les couples liés étroitement tournoyaient dans le soleil, haletants, suffoqués, perdant la raison dans cette suprême distraction si rare dans la vie mondaine de Batna. Alors les femmes se livraient tout entières, palpitantes, énervées, ne sentant plus l'étreinte de l'homme qui s'enivrait lui aussi dans cet enlacement autorisé.

Souvent on dînait avec les reliefs du déjeuner, et toute la bande rentrait à la nuit noire, à pied ou en voiture. Que de confidences, que de déclarations, que de promesses, que de serments furent faits dans l'obscurité de ces promenades et aussi que de baisers échangés et comme dernier résultat que .... de maris trompés.

Tout cela se termina naturellement par un bal au cercle qui fut très intime et très gai. Il y eut une vraie lutte d'élégance ; les toilettes étaient d'une grande fraîcheur, presque luxueuses, un peu criardes peut-être, mais jolies malgré tout. L'essaim tout entier des jeunes femmes et des jeunes filles était là, émaillant la salle de leurs bras nus ; toutes ces chairs jeunes et roses sortant de la mousseline étaient délicieuses et mettaient autour de nous le parfum puissant et suave de la femme.

Les jeunes gens de la ville nous offrirent à leur tour une fête dansante. Ce ramassis de tout Batna ne devait donner qu'un bal inconvenant, c'est ce qui eut lieu. La petite bourgeoisie s'effaroucha de tant de sans-gêne, la femme du fonctionnaire se voila la face. Ce fut un désastre, une leçon très claire qui démontra aux organisateurs de cette saturnale que le mélange des sociétés ne peut se faire.

Les résultats de cette nuit-là furent lamentables, il y eut un froissement général qui provoqua dans la ville des haines et des cancans impossibles à rapporter. Les péchés mignons furent dévoilés, les réputations compromises. Mais le dédain, et le temps qui efface tout, en eurent raison.

Le printemps se termina au milieu de ces histoires. Un matin, la file interminable des émigrants du désert entra dans Batna et traversa la ville avec ses tribus errantes. La grande chaleur arriva ; mais nous n'éprouvions que la température d'un été très chaud de France, avec ses nuits fraîches et ses rosées matinales.

Ce fut l'époque du vrai travail militaire, le terrain de manœuvre nous revit et la préparation à ce contrôle absurde, qu'on appelle l'inspection générale, fut poussée avec une grande ardeur. Suivant l'expression un peu vulgaire d'un de nos grands chefs, nous étions tous dans la lune, ne manifestant aucun entrain et n'apportant aucune intelligence dans l'exécution des mouvements savants du régiment. Et cependant, nous avions tous le tempérament militaire, mais il nous fallait autre chose que ces pantomimes ; nous voulions de de grands espaces, des émotions, des aventures et notre esprit distrait s'en allait au loin chercher une nourriture moins aride que celle de la théorie appliquée.

Un jour, parut une circulaire ministérielle qui prescrivait comme complément à l'instruction militaire, des marches de nuit, dans le but de familiariser les soldats avec l'obscurité et l'orientation. Le ministre de cette époque dont le nom m'échappe (nous en avons tant vu depuis), aurait pu savoir, en envoyant cette note en Algérie, que nous autres Français, gens civilisés et peu noctambules n'avions rien à apprendre aux Arabes, gens sauvages et enfants de la nature, qu'un instinct particulier guide jour et nuit dans les bonnes directions. Cette observation ne fut pas faite cependant, et le colonel laissa exécuter ces marches de nuit dans lesquelles les rôles étaient renversés, où les officiers devenaient les élèves et les soldats les instructeurs.

A la deuxième marche, l'obscurité était si grande qu'après de nombreuses chutes et quelques accidents, le capitaine commandant notre escadron ordonna une théorie orale pour terminer le travail. Un spahi fut interrogé par l'interprète qui lui demanda à quel signe il reconnaîtrait le nord s'il était perdu dans le désert. « Dieu est grand, « répondit-il, et Mahomet ne laisse jamais les mu- « sulmans dans l'embarras, il prend le juste par la « main et le guide en toutes circonstances. » A cette réponse, la figure de notre capitaine se décomposa ; il comptait sur l'étoile polaire, voire même sur la mousse qui tapisse le tronc des arbres dans la direction du septentrion, et c'était la divine Providence qui venait s'intercaler dans la théorie, c'était le fatalisme au lieu de la routine. Le coup était dur et détermina la rentrée au quartier. Je chevauchais à côté de notre chef, le voyant à peine, et j'entendis cette phrase très vraie : « Il n'y a rien à faire avec ces gens-là ! »

Me voilà installé sur les remparts, dans une petite maison ensoleillée ; je suis un peu isolé, peut-être, mais j'ai de l'air et une tranquillité parfaite. Je possède un salon meublé presque luxueusement ; mon propriétaire qui est juif, riche et avare a entassé là ses vieux divans que j'ai fait recouvrir d'une étoffe gaie parsemée de fleurs et d'oiseaux invraisemblables, car je n'aurais jamais voulu m'étendre sur des tentures souillées par le contact d'un juif. Ce salon ouvre sur une cour pleine de lumière et plantée d'arbustes sans valeur.

Là, je vis à l'arabe ; dans les heures chaudes du jour je revêts une gandhoura blanche brodée de soie cerise et je jette par-dessus un léger burnous. Je recommande ce costume d'intérieur, il est surtout pratique pour faire la sieste de midi.

C'est dans cette tenue que je recevais mes amis arabes.

Tous très bien ces bédouins et tous gens de grandes tentes. Nous causions de ce qui touche à l'Islam, de son histoire, de ses grands noms, de ses légendes, de ses aspirations, et malgré le dévouement juré à la cause française par ces musulmans, je retrouvais à mes côtés, en attisant le feu sacré, les révoltés d'autrefois, mais adoucis par notre civilisation décadente, hésitants devant notre incontestable supériorité intellectuelle, et tremblants devant nos fusils à tir rapide. Je constatais alors que la conquête était définitivement terminée ; nous avions eu raison de ce peuple en introduisant chez lui nos vices et notre démoralisation. Les Arabes de cette génération oubliaient l'héroïsme de leurs ancêtres et les ordres sévères du Coran ; désormais ils s'enivreront avec les chrétiens et exécuteront des fantasias aux fêtes nationales du vainqueur.

El-Mokrani, le dernier Arabe, était mort, c'en était fait de ce peuple admirable jadis. L'Islam agonisait en Tunisie sous le gouvernement d'un bey efféminé et gaga, en Algérie sous la honteuse administration de la République ; le Maroc seul conservait encore intacte dans ses mosquées mystérieuses et inaccessibles de Fez la doctrine pure du prophète, parce que le sultan magnifique fermait ses États et son palais aux Européens détestés.

Aujourd'hui, en groupant ces notes et en constatant qu'honneur et religion disparaissent de notre vieille Europe, je ne puis m'empêcher d'arrêter mes pensées sur ce peuple marocain qui a conservé toute sa jeunesse et toute sa foi.

J'ai connu à Constantine un érudit arabe qui avait fait ses études religieuses à Méquinez. C'était un homme intelligent, un peu mystique, qui, vivant au milieu de nous, se mit à étudier notre condition sociale ; il n'en connut que ce que sait le public vulgaire, ignorant tous les dessous criminels, et cependant il fut pris au cours de cette étude superficielle d'un si profond dégoût qu'il retourna dans son pays.

J'eus de longues conversations avec ce lettré ; souvent il m'interrogeait sur des choses que son honnêteté ne pouvait comprendre, je les lui expliquais en rougissant, avouant malgré moi nos hontes et nos infamies, cherchant à les pallier en allant déterrer tout ce qu'il y avait de mauvais chez nos voisins. Alors sans hésiter, cet homme me prédisait la grande invasion d'Orient ; la poussée gigantesque des musulmans qui devait tout détruire et tout refonder.

J'allais presque tous les jours à Lambessa pour y voir la famille N. que j'aimais beaucoup, et estimais encore plus, pour fouiller les ruines, récolter çà et là quelque monnaie, un bout de mosaïque ; et puis aussi pour flirter un peu, pourquoi le cacher ?

L'endroit est délicieux et frais, très abrité des vents du sud par les hauts monts de l'Harez. Dans la terre grasse de la vallée, les arbres deviennent très beaux et les moissons magnifiques.

Il est vraiment étrange de voir la ville romaine, cette cité d'un autre âge accolée à la bâtisse géométrique du pénitencier, de voir des champs d'orge pousser autour du prétorium, dans les arènes, sur le forum ; les herbes et les plantes envahir le temple d'Esculape et s'accrocher aux bas-reliefs des portes monumentales. Dans l'intérieur du prétorium, vaste enceinte sans toiture, ouverte à tous les vents, se trouve un monde de statues, elles sont couchées ou debout, défiant le temps quand même ; des liserons bleus s'enroulent autour des torses spendides des déesses cachant leurs sévère nudité. L'eau du ciel et le soleil ardent ont bronzé tous ces marbres, toutes ces moulures, toutes ces inscriptions, livrés au premier venu, à l'artiste autant qu'au public profane qui ne peut les apprécier.

Sur le ventre d'une Vénus, je lis G. Dupont, un nom vulgaire, appartenant à un homme plus vulgaire encore qui, par plaisanterie sans doute, a buriné avec son couteau son nom en lettres bossues. Il a du bien rire de son idée, cet imbécile !

Beaucoup de statues sont mutilées ; ne pouvant emporter le tout, des vandales, des Anglais certainement, ont cassé un bras ou une jambe à une divinité et l'ont volé.

Dans un coin de jardin se trouve une mosaïque admirable, recouverte d'un toit de chaume crevé ; dès qu'il pleut, l'eau tombe comme d'une gouttière sur un merveilleux médaillon représentant Cérès la blonde, une peinture adorable du grand art de l'époque brillante de Rome. Ce monument qui devrait être au Louvre se désagrège petit à petit.

Ne sommes-nous pas coupables de tolérer de pareilles déprédations, et que dire de ces vieux barbons de la société archéologique, qui tout en se pâmant devant les manifestations de cet art puissant n'ont pas le souci de sa conversation.

Faites un musée à Lambessa, à Constantine, à Batna, où vous voudrez, mais sauvez ces merveilles. Le souvenir et l'étude de cette grande époque vaut bien quelques centaines de mille francs, plus utilement employés ici, que le milliard et demi que le grand Français et ses créatures ont volé aux 800,000 souscripteurs de Panama. Si l'argent dépensé dans ce but artistique ne donne pas de dividendes, au moins il ne ruinera personne, et pourra causer d'intelligentes satisfactions.

Malgré ses ruines, la ville romaine est encore vivante ; on la reconstitue d'un coup d'œil. Elle était orientée de l'ouest à l'est, une voie large et dallée de pierres magnifiques la traverse encore dans toute sa longueur, sur son parcours s'élevaient probablement les maisons de commerce, les lieux de réunion ; nous y rencontrons aussi les Thermes qui sont très vastes et qui donnent nettement avec les arènes, par leurs dimensions, le chiffre probable de la population de la ville. Les arènes, en contre-bas, pouvaient être inondées tout comme le Colisée de Rome.

L'ingénieur qui fit venir à Lambessa les eaux de la montagne avait été condamné à mort ; le grand service qu'il rendit au pays lui sauva la vie, ainsi que nous l'apprend une inscription funéraire.

Je n'avais ni la patience ni la science suffisante pour faire des fouilles sérieuses et des découvertes importantes; du reste, j'arrivais un des derniers, après la besogne faite, aussi mon bagage fut-il mince. Je récoltai cependant quelques pièces curieuses qui s'en allèrent en cadeaux et que je regrette sincèrement aujourd'hui.

A mi-côte, dans la montagne, au milieu d'une forêt de chênes verts, on aperçoit des ruines de Lambessa une maison blanche un peu prétentieuse, c'est le château Labarrère; sa propriétaire est une personnalité de la province de Constantine. Mme L... tenait à Batna, il y a bien longtemps, aux premiers jours de la conquête, une cantine destinée aux ouvriers étrangers qui construisaient la Kasbah. Ce commerce ingrat ne mena pas la cantinière à la fortune, tout au contraire, paraît-il.

Un jour, on lui donna, probablement pour payer quelque dette, une portée de lionceaux; elle les accepta, les éleva et en fit ses amis. Quand les fauves furent adultes, Mme L... partit pour Marseille avec l'intention de vendre ses élèves; mais sur un conseil génial, elle changea d'avis, les enferma dans une cage de fer et les exhiba devant le public.

Mme L... était belle femme dans son maillot rose,

elle eut du succès à Marseille, gagna de l'argent et n'hésita pas à aborder Paris.

Le cirque olympique, très en vogue à cette époque, engagea la dompteuse, qui fit fureur, augmenta son pécule et partit pour Vienne, Pétersbourg, New-York ; c'était l'itinéraire forcé. Adulée et adorée dans toutes les capitales, toujours belle dans son déshabillé orné de clinquant, malgré la disparution d'une partie intime de sa personne croquée par ses lions, elle vola de succès en succès. En passant par la Bavière, cet Eden des ballerines, elle compléta sa fortune.

Les lions étant morts, Mme L... revint à Lambessa, sur cette terre d'Afrique préférée et aimée entre toutes ; elle se fit construire la jolie maison qu'elle habite et s'y installa pour la fin de ses jours.

Lorsque je connus cette étrange femme, elle était vieille, d'une belle vieillesse forte et gaie. Rien ne paraissait de sa première origine ; elle démontrait combien la femme intelligente est apte à s'assimiler ce qu'elle n'a jamais soupçonné ; l'ancienne ballerine, la dompteuse de lions s'était transformée en femme du monde ; sa conversation était châtiée et elle avait acquis cette distinction particulière que l'on ne rencontre que chez les tempéraments vraiment originaux.

Je revois encore les couronnes d'or et les diadèmes splendides, souvenirs des jours brillants qu'elle nous contait, tout en sablant un joli petit vin récolté sur sa propriété et qui arrosait de joyeux et succulents repas. Mais ce que je revois surtout, c'est l'affabilité de cette aimable vieille femme, dont le cœur et l'esprit avaient toujours vingt ans.

Il fut décidé un soir, que nous irions chasser les gazelles dans le Hodna.

O. et moi avions l'intention de nous livrer à un sport tout nouveau pratiqué par les Arabes et dédaigné des Européens.

La chasse à courre avec des slougis me semblait vulgaire; nous voulions tuer nous-mêmes, ne permettant pas à des chiens de faire notre besogne, et malgré toutes les observations qui nous furent faites, toutes les critiques qu'il nous fallut subir, toutes les plaisanteries des incrédules et des ronds-de-cuir, il fut décidé que nous chasserions à l'affût.

Certes, le projet était audacieux, et le problème de se cacher dans une plaine nue comme une glace difficile à débrouiller; cependant à force d'imagination, nous eûmes la gloire de le résoudre d'une façon très simple en nous revêtant de vêtements d'une couleur scrupuleusement identique à celle du sol sur lequel nous devions chasser. De la chaussure au chapeau, nous étions vêtus d'une étoffe légère d'une teinte indéfinissable. Nous étions bien ridicules dans cet accoutrement, mais peu nous importait, et un matin, avant le lever du soleil, nous chevauchions sur la route du Hodna en quête d'aventures et de gazelles.

En quittant la région cultivée nous entrions sur un plateau légèrement mamelonné et dévalant en pente douce dans le sud vers les sables du Hodna. Rien de triste comme cette verdure d'alfa à perte de vue, cet océan d'herbe drue et serrée couvrant le sol d'un uniforme vert noirâtre. Cette plante est si vivace, qu'elle ne permet pas aux parasites de végéter dans l'humus frais qu'elle recouvre ; pour distraire le regard, pas une fleur, pas un arbuste. Le sentier seul trace un sillon clair dans cette monotonie.

Devant nous, très loin encore dans l'est, nous voyons les cimes du Djebel Metlili et le soir nous touchons presque ses roches du doigt. Cette masse de granit ressemble plutôt à une colossale forteresse qu'à une montagne; son sommet plat semble crénelé, et les ombres du crépuscule qui remplissent d'obscurité les anfractuosités de la muraille, dessinent des meurtrières et des ouvertures bizarres.

Nous campons, sous la protection du cheick qui commande dans ces parages, sur une petite place entourée de constructions basses. Ce chef arabe, nous reçoit de son mieux et met son installation à notre disposition.

Ce soir-là, il faisait très froid, et la vue d'une chambre capitonnée dont le plancher disparaissait sous une pile de coussins épais, me séduisit au point que je fis encore une concession à l'éternel bien-être.

Les premiers instants de repos furent délicieux. Mon corps fatigué, à l'aise dans une gaudourah de soie, était enveloppé d'une douce chaleur, au dehors, tout était silence ; conditions parfaites pour passer une charmante nuitée.

Vers minuit je me réveillai en proie à un horrible cauchemar. Je raconte ici naïvement le rêve bête qui l'occasionna.

Les gazelles peu satisfaites d'être dérangées, s'étaient réunies en conciliabule et nous avaient déclaré la guerre. Plein de honte, je capitulais devant leurs légions, ressentant sur tout mon corps, les piqûres douloureuses de leurs cornes pointues.

A mon réveil, j'étais toujours dans la petite chambre, remplie d'obscurité, toujours étendu sur les tapis moelleux ; mais de la tête aux pieds, j'étais martyrisé par d'innombrables piqûres et d'affreuses démangeaisons ; les punaises me dévoraient tout vivant.

D'un bond, je fus dehors, grelottant dans ma gaudourah légère, mais éprouvant malgré cela, dans la fraîcheur de la nuit, un immense soulagement.

Je ne fis plus d'infidélité au dur matelas de ma couchette de campagne.

On chassa toute la journée ; nos rabatteurs, avec une science remarquable, dirigèrent les gazelles sur nos deux fusils : quelques victimes restèrent sur le sol.

Ce genre de sport est vraiment très attrayant, mais quelle patience, quel mépris de la chaleur, de la faim, de la soif, il faut avoir, pour s'y livrer.

Ma première gazelle me combla de joie et me procura une émotion véritable : le troupeau arrivait sur moi, lentement ; toutes les oreilles dressées manifestaient la crainte, ou tout au moins l'étonnement ; elles indiquaient que les rabatteurs étaient dans les environs. Immobile, le doigt sur la détente, retenant ma respiration, j'attendais le moment opportun. Quand elles ne furent plus qu'à une trentaine de mètres je fis feu, et l'une d'elles roula à terre... Je courus à ma victime ; elle bêlait misérablement, tournant vers moi ses grands yeux noirs effarés ; je lui coupai le cou sans hésitation et attendis le mulet qui devait l'emporter. Ces premières émotions passées, mon rôle de boucher me fit horreur.

Toute la journée se passa à courir la plaine ; le soir, très fatigués et mourants de faim, nous venons camper dans un étoulis du granit sur une terrasse formée par la nature.

Nous étions noyés dans l'ombre, et derrière la montagne la lune se levait dans un ciel d'une transparence admirable. Je n'oublierai jamais ce tableau; l'énorme plaine grise semblait recouverte d'une toile d'argent; du point élevé où nous nous trouvions, les cent kilomètres qui s'étendaient sous nos yeux semblaient une mer tranquille, on s'étonnait de ne pas voir au large les feux de position qu'allument les navires à la nuit. Autour de nous, dans les rochers, le vent modulait une gamme grave ou stridente, suivant sa violence, et nous avions en plein désert, au pays de la sécheresse, l'illusion complète de l'océan et du bruit de la lame battant la base de granit de la montagne.

Pendant huit jours, ce fut la chasse et encore la chasse; tous les soirs nous changions de camp, courant aux quatre points cardinaux, n'ayant d'autre souci que de détruire; le visage tuméfié par les coups de soleil, couverts de poussière et de sueur, nos vêtements en lambeaux, nous avions l'air de bandits, et si dans ce désert il se fût trouvé quelque touriste en promenade, il se serait enfui à notre vue avec la conviction qu'il sauvait sa bourse, voire même sa vie... Il serait fastidieux de raconter les nombreux exploits de cette semaine, il me semble qu'on manque de modestie même en racontant la vérité, lorsqu'il s'agit de ces sortes de récits. Je dirai toutefois qu'il y eut un grand nombre de victimes, que tous les soirs nous mangions des venaisons au musc, coriaces, désagréables au goût, et que, malgré tout, nous étions dans la joie et vivions dans l'enthousiasme.

Le dernier jour de chasse, à quatre heures, je tuai ma dernière gazelle en tirant ma dernière cartouche. J'étais à bout de forces, anéanti par la fatigue. Mon cheval était étique, sa longue crinière qui s'envolait au vent, découvrait un cou d'une effrayante maigreur, les côtes, les muscles, les tendons faisaient saillies sur sa peau, il avait comme moi le ventre vide, le pauvre animal, et comme moi il était presque fourbu.

J'attendis mon ami au camp étendu sur une couverture à l'ombre des lauriers-roses qui poussaient autour de la fontaine; il revint une heure plus tard et, malgré son affirmation du jour même, m'avoua qu'il n'en pouvait plus.

Le lendemain, nous rejoignions la route de Biskra à Batna.

Dans la salle à manger du cabaret d'El-Kantara, il y avait un voyageur et une jeune femme. A cette époque de l'année, une pareille rencontre était rare ; mais les caprices de la lune de miel sont si étranges, qu'il ne faut s'étonner de rien.

Lui, était soigné dans sa tenue, avait l'air d'un parfait gentleman. Elle, était fraîche comme un camélia avec des cheveux blonds, des yeux bleus ; elle portait une robe de voyage en velours gris.

Je crois que l'on comprend d'autant mieux la femme qu'on la fréquente moins ; dans ces conditions, son contact laisse des impressions plus suaves, elle semble entourée d'une auréole plus brillante, sa beauté s'analyse mieux, sa grâce s'affirme davantage, et toutes ces effluves qui émanent d'elle, qui charment, séduisent et domptent, nous enveloppent plus volontiers. Si à un charmant visage, au galbe irréprochable, s'ajoute cette distinction qui est le fait d'une éducation soignée et d'un esprit cultivé, si en un mot, malgré elle, la femme possède toutes les séductions de son sexe, elle monte tout de suite au-dessus du niveau commun ; les désirs des sens s'évanouissent en sa présence, et il ne reste dans l'âme qu'un pur sentiment d'admiration et de respect pour la plus parfaite créature de la création.

Mme de D... produisit sur nous cette impression.

Nos vêtements de trappeurs, souillés par le sang des gazelles, élimés par un pénible service, faisaient ressortir l'élégante simplicité de nos touristes. Mais, malgré nos habits râpés, nous sûmes retrouver instantanément nos belles manières d'antan.

D... était plus qu'un gentleman, c'était un érudit et surtout un modeste ; il venait de se marier, mariage d'inclination certainement ; il avait voulu l'épanchement d'une passion vivement sentie au pays du soleil, l'épreuve des premières et très douces émotions sous un ciel bleu sans nuage, loin des regards indiscrets, dans l'isolement d'un autre race et la solitude d'un pays primitif.

Quelle délicieuse matinée et qu'elle passa vite.

Devant la porte de l'hôtel la diligence attendait les voyageurs pour Batna ; elle devait nous emporter aussi ; nous avions retenu le coupé, comptant nous reposer un peu. Le coupé retenu et la rotonde occupée par des Arabes, il ne restait à nos nouveaux amis que la ressource de l'impériale. La pauvre jeune femme en fut vivement contrariée, sa pudeur s'effarouchait à la pensée de tous les yeux indiscrets qui ne manqueraient pas l'occasion d'admirer pendant cette ascension une jolie jambe dissimulée en temps ordinaire aux yeux profanes avec un soin jaloux. Elle n'eut pas à nous exprimer ses terreurs, et les deux amoureux purent, dans la solitude de la route, la main dans la main, causer d'amour, confortablement installés à nos places, que nous avions cédées sans hésitation.

A Batna un dîner joyeux nous réunit tous les quatre dans un salon de l'hôtel d'Orient. Le brillant uniforme avait succédé aux vêtements de chasse ; nos visages soigneusement rasés avaient perdu cette affreuse teinte brune que le soleil imprime sur la peau.

Mme de D... nous combla de remerciements que nous ne méritions pas, et le champagne vint sceller cette amitié si vite éclose ; mais les exigences de la vie militaire ne nous permirent plus de revoir nos amis d'un jour ; de tant de promesses échangées il ne reste que le souvenir de ces quelques heures agréables ; leur adresse est déjà oubliée, et dans quelques années, hélas! leurs noms le seront peut-être aussi.

Après ce bonheur entrevu si rapidement, il nous fallut retomber dans la médiocrité du bourgeois commun et prétentieux ; après la conversation exquise, il nous fallut avaler toutes les pédanteries des fonctionnaires et des colons. Et, à ce propos, le type de premier magistrat de la localité me revint tout naturellement à la mémoire.

Il me semble le revoir encore, cet être, avec sa tête chauve, sa face glabre, sa bouche dédaigneuse et insolente, son œil terne n'osant regarder l'interlocuteur, ses gestes de comédien et cette lugubre tenue noire agrémentée de bottes en cuir rouge.

Chez lui, dans son salon, ce personnage grotesque devenait piteux, et quand on avait subi la conversation de Madame, discuté tous les prix de la mercuriale du dernier marché, malmené les absents, médit des uns et calomnié les autres, on se demandait si réellement il était permis à de pareilles nullités de diriger leurs semblables.

Dans l'intimité de ces salons, entre chien et loup, dans le tête-à-tête, dans cette demi-obscurité qu'entretiennent les tentures, en attendant une visite qui n'arrivait pas, quelles occasions de flirtage.

Je me souviens encore des conversations habilement amenées sur les sujets les plus scabreux et dans les rires étouffés, à travers les voiles d'une pudeur qui n'existait qu'à l'état de fantôme, je revois les yeux brillants remplis de voluptés, ou plutôt de luxure, réclamant la note scandaleuse le mot gras ; et enfin, l'épanouissement de la curiosité satisfaite, et cette dernière impression très nette de la femme pataugeant dans l'obscénité.

Quel clavier sensible que la femme et comme les touches en vibrent puissamment. Dans toute la gamme à étudier la vanité à elle seule fournit la note aiguë, un compliment bien tourné, entouré de certaines réticences, déshabille une coquette. En louant la beauté du pied, on est presque certain d'admirer toute la jambe ; du régal des yeux à celui du toucher il n'y a qu'un pas et en toute sincérité en sortant d'un de ces salons-là, qui cependant passait pour être honnête, on avait la sensation d'une heure de noce en compagnie d'une fille de joie.

Je fus un jour le héros et la victime d'une scène tragi-comique à propos d'un bal au cours duquel j'avais oublié de faire danser la maîtresse de maison. Dans le tête-à-tête, je reçus une volée de leçons sur ma grossièreté. Une grande humilité et beaucoup d'excuses m'obtinrent un pardon auquel je tenais peu ; sur un compliment banal toute cette colère se fondit, et pour me faire oublier la poignée de main refusée tout à l'heure, cette femme désormais vaincue et enivrée de la fumée de mon coup d'encensoir ne s'offusqua nullement d'un bras passé autour de sa taille et d'un baiser pris sur sa bouche.

J'allais me reposer de tous ces dégoûts chez un brave homme qui habitait les environs. Chez lui, on ne trouvait rien de ce monde bâtard, on ne rencontrait qu'un paysan intelligent et fin, dégrossi par une énorme fortune acquise en travaillant beaucoup.

Ce bonhomme était doué de qualités sérieuses et voyait juste dans la vie ; on découvrait en lui l'homme de bien, rendant service sans calcul, se donnant la satisfaction de faire des heureux. Sur le tard il finit par épouser une jeune fille très pauvre pour assurer à sa nouvelle famille l'aisance dans le présent et la richesse dans l'avenir.

Je déjeunais souvent avec lui, nous restions longtemps à table devant les meilleurs vins de sa cave, il avait conservé cette habitude du paysan. Au dessert, il reprenait son thème favori l'histoire de sa vie, le récit de ses luttes, de ses succès, et il grandissait à mes yeux; j'étais en admiration devant cette volonté, cette énergie, ce labeur immense, et devant le résultat obtenu. . . . .

. . . .

VI

DERNIERS JOURS

VI

Ce fut à cette époque que je demandai au colonel à changer de corps par permutation.

Voici, dans toute sa simplicité ce qui m'amena à prendre cette grande détermination.

Les sous-officiers proposés pour l'avancement avaient été réunis à Batna pour passer leurs examens écrits. Le texte de la composition venait du ministère sous pli cacheté.

Les candidats au nombre de quatre furent réunis dans la salle des écoles, on leur fit une distribution de papier, de plumes et d'encre et on les abandonna à leurs souvenirs et à leur intelligence pour traiter les questions posées.

Je fus chargé de surveiller ce concours parce que, probablement, l'on m'avait nommé maître d'école des sous-officiers des escadrons mobiles.

Pendant deux heures, malgré le livre qui devait me faire passer le temps, je ne les quittai pas des yeux et j'affirme que tout se passa aussi correctement que possible.

Tous ces individus, moins un, mon maréchal des logis chef, m'étaient aussi indifférents qu'inconnus, ils venaient des smalahs, pour la circonstance bourrés d'ignorance et de prétention.

Au bout du temps fixé pour le concours, je ramassai les compositions, y jetai un coup d'œil de curiosité et fus de suite les remettre au colonel qui devait les corriger et les classer lui-même.

Le lendemain matin après le rapport, je reçus l'ordre de me rendre chez le grand chef, il me reçut très froidement et me tendant la composition d'histoire d'un des sous-officiers :

« Lisez cela, me dit-il. »

Ma lecture terminée, il me donna un manuel d'études élémentaires et je constatai que le texte et la composition ne différaient en rien, à la ponctuation près.

« Monsieur, me dit le colonel, vous avez laissé
« ce sous-officier copier sa composition d'his-
« toire. » Je fus suffoqué de recevoir en plein visage une insulte aussi grave. Je gardai cependant mon sang-froid et répondis simplement que si ma conscience avait été assez souple pour permettre une irrégularité de ce genre, ç'eût été en

faveur du sous-officier de mon escadron que seul je connaissais, et auquel seul par conséquent je m'intéressais.

Il fut prouvé que le candidat auteur de toute cette histoire, se méfiant de son intelligence, et très confiant dans sa prodigieuse mémoire, avait appris les campagnes de Napoléon Ier par cœur, dans le fameux manuel élémentaire. Le colonel après avoir reconnu la légèreté de sa conduite me devait des excuses, il ne les fit pas. Il essaya de me faire tout oublier par une attitude bienveillante, n'ayant pour moi que des sourires agréables et des compliments de commande, mais je n'y fis pas attention ; je restai vis-à-vis de lui l'insoumis, froid, hautain ; il est des offenses qu'on ne pardonne pas, celle-là était du nombre.

Un matin je reçus la lettre d'avis qui m'envoyait dans un régiment de France ; elle me fut remise à l'issue du rapport par l'adjudant de semaine. Le colonel quittait le quartier entouré de son état-major de paperassiers. J'avais l'âme brisée, lui, le sourire aux lèvres. Cette figure béate entrevue dans un rayon de soleil me donna une seconde d'effarement, de vertige. . . . .

Désormais, le sol de Batna me brûlait les pieds. Je pris juste le temps nécessaire pour boucler mes malles ; j'embrassai sincèrement mes rares amis, je fis une visite sommaire aux autres, et je montai en diligence à 5 heures du soir pour quitter Batna sans espoir d'y revenir jamais.

Je revis pour la dernière fois ce paysage charmant à travers le voile d'une pluie persistante. La voiture filait grand train dans la poussière d'eau qui inondait la campagne et estompait les lointains. Partout du gris, au ciel, sur la terre, dans les horizons ; et à l'abri des dernières lueurs du soleil couchant qui mettait des tons laiteux sur leurs cimes, les montagnes noyées d'ombre ajoutaient encore à la tristesse de cette soirée d'automne.

Je regardais tout cela par la portière ouverte du coupé de la diligence ; des touffées d'air frais m'enveloppaient et mettaient autour de moi, comme pour me les faire regretter, les senteurs de ces plaines toujours vierges, couvertes d'asphodèles et de toute cette végétation bizarre et capricieuse qui reste rebelle à la culture.

A droite de la route, à travers la gaze du brouillard, je revis le Medracen, ce monument mystérieux contemporain des pyramides d'Egypte, écrivant en caractères majestueux, dans ce pays solitaire, la légende des siècles passés, qui s'écroulaient déjà sous les exagérations d'une civilisation colossale. Cet amas de pierres, restera toujours dans ma mémoire entouré de son mystère et de sa poésie. Je l'avais étudié de près, avec les savants archéologues que j'avais mission de protéger, accompagné de quelques spahis. Pour me remercier du service que je leur rendais, ces vénérables, qui ne pouvaient comprendre mon rôle de reître, m'avaient initié aux choses funèbres qu'il perpétuait ; j'étais descendu avec eux dans l'âme du monument, dans la salle funéraire qui avait dû renfermer les dépouilles d'un très grand de cette époque presque préhistorique. Il ne restait rien dans ce tombeau que nous profanions, sinon quelques débris informes et des poteries grossières, qui avaient su résister au temps et à la cupidité des hommes.

La nuit arriva très vite, tout s'effaça, et bercé par le bruit de la voiture je m'endormis.

A l'aube, c'était toujours le ciel gris et la pluie opiniâtre, un froid piquant brouillait de buée les vitres de la voiture et c'est à peine si Constantine m'apparut à 8 heures. L'on devinait cependant la ville, et le ravin du Rummel mettait sa ceinture noire autour des blanches maisons du quartier arabe. Par delà la Kasbah, malgré la brume, entre deux montagnes, une déchirure bizarre éloignait l'horizon à l'infini. . . . .

VII

DERNIÈRES HEURES

VII

Pas un bruit ne venait du dehors, la rue était muette comme dans le désert. Dans un coin de la cour mauresque, au-dessus des ogives bizarres de la galerie supérieure, la flèche d'un minaret montait dans le ciel. C'était le seul contact que j'avais avec le monde extérieur.

J'aurai toujours en moi l'impression de cette dernière extase et les couleurs de ce dernier tableau; je reverrai toujours les tentures sombres, le demi-jour ambré qui tombait d'une fenêtre étroite à travers un vitrail jaune qui allumait dans un coin les rouges des fréchias, la petite table basse incrustée de nâcre, les tasses dorées sur leur plateau de cuivre. Un nuage de Latakié voilait le plafond et tamisait sa blancheur crue. Tout cela était noyé dans un parfum exquis et capiteux.

Sur des coussins, elle était étendue, elle, la statue palpitante, l'adorable femme, frileusement enveloppée dans des voiles de soie rose et blanche, brodés de fleurettes d'argent.

J'avais revêtu le costume qu'elle aimait, le dolman rouge chamarré d'or, le large pantalon bleu. Mon sabre était près d'elle ; elle m'aimait ainsi éperonné, et était heureuse au milieu de cet attirail militaire sans lequel la femme arabe ne peut comprendre l'homme. Mon képi bleu avec son croissant d'or était sur ses genoux, et elle regardait cet emblème de l'islam qui brillait au front du chrétien. Je n'étais plus pour elle un infidèle.

Dans sa langue nous parlions de tout et de rien, d'amour et de guerre. Comme moi, elle aimait la voix de la poudre, les longues chevauchées, les nuits sous la tente, la vie errante, les hasards et les fatalités de l'existence, et, dans l'ardeur de ses vingt ans, elle aimait aussi les caresses et les longs baisers.

Ce fut ma dernière nuit sur la terre d'Afrique ; comme un mécréant je la passai entre les bras d'une belle mauresque. J'ai préféré ces adieux silencieux aux bruyantes manifestations du cercle ; dans la tristesse de ce départ forcé, il me fallait à la dernière heure ses baisers ardents, la caresse de ses bras nus, les dernières notes de cette musique délicieuse que chante les lèvres de la femme dans les confidences d'amour.

Oh! Zinah, garde en ton âme ces suprêmes adieux, et que Mohammed te place dans son paradis au milieu des houris tes sœurs qui envieront toujours le noir de tes yeux, la rougeur de tes lèvres et la blancheur de ton corps de statue . .

. . . .

VIII

DERNIERS SOUVENIRS

VIII

A cinq heures du soir, le *Mohamed ès Sadok* leva l'ancre et mit le cap au n.-n.-ouest. Une jolie brise soufflait de terre, le navire se couvrit de toile, s'inclina à bâbord et fila régulièrement ses treize nœuds à l'heure.

Appuyé sur le bordage d'arrière, je regardais fuir la côte qui à cette heure se profilait hardiment sur le ciel clair du sud. Au pied des hautes falaises Philippeville étageait ses maisons jusqu'aux sommets les plus élevés; celles qui entouraient le port semblaient maintenant être envahies par la mer. A droite dans la baie, une petite tache blanche au niveau de la Méditerranée, c'était Stora la gracieuse petite ville.

Au delà du cap, la côte fuyait dans l'ouest, très loin, et par-dessus ses sommets les cimes du

Djardjura mettait de légers nuages dans l'extrême horizon.

Tout ce panorama m'était familier ; quand je revenais en Algérie après un séjour d'un mois en France, je le retrouvais toujours avec un même plaisir, oubliant tout de suite la patrie pour ne revoir que la vie de soldat et la poésie de ces pays ensoleillés.

Avec la nuit, tout cela s'abîma dans les flots, lentement, comme à regrets ; on ne voyait plus déjà qu'une ligne violette, indécise, qui pâlissait à chaque tour de l'hélice ; quelques minutes plus tard, tout avait disparu.

Je regardais longtemps la bande lumineuse qui planait encore sur les rives disparues, et le sillage du transport qui traçait sur la mer une route pleine d'écume et de phosphorescence.

J'arrivai un samedi dans la petite ville de ma garnison, très tard dans la nuit, par une pluie battante ; un cuirassier m'attendait à la gare, un paysan breton, mal décrassé qui me conduisit dans un logement retenu par un de mes amis.

Le lendemain, un dimanche, je me trouvai seul ; tous les officiers étaient partis pour Paris.

En toute sincérité, ce fut là un des jours les plus tristes de ma vie. La rue étroite et sombre, l'humidité glaciale, m'écrasèrent pendant un moment.

Je me souviens encore qu'un grand coup de vent balaya le ciel gris, que ma chambre fut pénétrée des senteurs de la forêt de Chantilly, et que, dans le sud, je revis ce crépuscule lumineux qui m'avait tant frappé à mon départ de Philippeville. Et dans cette clarté, je retrouvais une dernière fois tout ce que j'avais tant aimé là-bas : les forêts profondes des Beni-Salahs, la Smalah, Batna, la Kabylie, le Désert. J'entendis encore la fusillade d'El Amry et la voix puissante du canon ; et comme correctif à toute cette épopée mousquetaire, pour la dernière fois aussi, j'eus le souvenir des yeux noirs et des baisers de Zinah.

TABLE

I.	En Smalah	1
II.	En garnison.	77
III.	Dans le désert	131
IV.	A Biskra	195
V.	A Batna	281
VI.	Derniers jours	311
VII.	Dernières heures	319
VIII.	Derniers souvenirs	325

ÉVREUX, IMPRIMERIE DE CHARLES HÉRISSEY

www.ingramcontent.com/pod-product-compliance
Lightning Source LLC
Chambersburg PA
CBHW060457170426
43199CB00011B/1242